生き残れるビジネスマンになる

21の思考実験

北村良子

廣済堂新書

はじめに

「太陽は地球の周りをまわっているでしょうか？」と聞かれて、「そうです」と答える人はいないでしょう。もちろん、地球が太陽の周りをまわっているというのが「正解」です。しかし、６００年前に遡ってこの質問をしたら、世の中の「正解」は異なっていたでしょう。当たり前の「正解」を疑う人、そしてその疑いを証明する人、発表する人がいて、いまの真実が導き出されてきました。

与えられた「正解」を記憶してただそれを披露できるだけでは、新たな発見を導くことはきっと難しいでしょう。それは、地動説のような大きな発見でなくても同様です。

ビジネス上の発見だって、疑うこと、考えること、仮説を立てること、発想すること、そういった思考によって生み出されているはずです。たとえば、携帯電話に通話以上のことを求めなかったとしたら、そんな発想がなかったとしたら、いまのスマートフォンは存在していないでしょう。

もし、疑う力、考える力、仮説を立てる力、発想する力、論理的に組み立てる力、問題に気がつく力、比較する力、応用する力……こういった力が不十分だとしたら、ビジネスの中で限界を感じやすくなりますし、新しい展開を創り出すことも難しいでしょう。

本書では、「思考実験」というゲームのような問題を通じて、これらの力を刺激していきます。

「思考実験」とは、実験器具をいっさい必要としない、基本的に頭の中だけで行なうことができる実験のことです。時間、場所を選ばず、自由に始めることができるというのが、大きな特徴です。

どう考えるか、どこに視点を置くかなど、自由度が高く、答えも人それぞれに違います。身体をより温めるための手段が、ある人はカイロであり、ある人は靴下を重ねることであり、ある人は腹巻きであるように、意見も人それぞれです。ただ、大切なのは、それが自分自身の意見であり答えであることです。

古くはニュートンやガリレオなど、大きな発見を成し遂げた偉人たちも思考実験を通じてさまざまな考えを脳内に巡らせていました。そんな思考実験をビジネスに応用していこうというのが本書のテーマです。

たとえば、有名な「トロッコ問題」という思考実験があります。「ブレーキの故障したトロッコで5人が犠牲になるか1人が犠牲になるか」という選択から、自動運転の車の開発における問題を考えます（第1章）。

あるいは、比較ができず餓死してしまうロバが出てくる「ビュリダンのロバ」という思考実験からは、決断の大切さとビジネスについて考えます（第6章）。

このように、各章のテーマに通じるビジネスでの事例を考えることで、仕事に活かせる思考力を鍛えることができる構成になっています。

まずは思考実験を楽しんでいただき、自分自身の答えを見つけてみてください。本書を読み終える頃には、「自分の考え」を組み立てる力が知らず知らずのうちに身に付いているはずです。

2018年11月　北村良子

生き残れるビジネスマンになる21の思考実験

目次

第4章 ギャンブラーの誤謬――直感を疑うレッスン……97

第1章

トロッコ問題

——正解のない問題を論理的に解きほぐすレッスン

トロッコ問題（「トロリオロジー」と呼ばれています）は、イギリスの哲学者、フィリッパ・ルース・フットによって、20世紀に提唱された思考実験です。日本でも、NHKで放送されたハーバード大学マイケル・サンデル教授の『ハーバード白熱教室』で取り上げられたので、その名称を耳にしたことのある方も多いことでしょう。

まずは、思考実験について知っていただくため、このもっとも有名な思考実験から始めたいと思います。

1人を助けるか、5人を助けるか……。

ここで考えるのは、そんな正解のない究極の選択を迫る問題です。この問題で、自分の心の中をのぞき、考えをまとめて自分の意見とする作業を試してみてください。そして、筋が通った思考（ロジカルシンキング）になっているかを確かめてみましょう。

では、物語の始まりです。

思考実験1
暴走トロッコと5人の作業員

ある晴れた日のこと、線路の上で5人の作業員が作業をしています。なんとそこに、たくさんの石を積んだ大きなトロッコが猛スピードで走ってきました。トロッコはブレーキが故障しており、誰にも止めることができない状態です。

暴走トロッコが迫っていることに気がついていない作業員たちは黙々と作業に取り組んでいます。このままでは暴走トロッコは、さらにスピードを上げて5人の作業員に激突します。激突された作業員は5人とも死んでしまうことが確実です。

そのすべてを理解しているあなたはいま、線路の切り替えレバーの前にいます。このレバーを切り替えると、トロッコは進路を変え、もう一本の線路に進みます。しかし運の悪いことに、その線路上にも作業員が1人いるのです。あなたがレバーでトロッコの進路を変えれば、この1人の作業員は確実に死んでしまいます。

あなたはどの作業員とも面識はありません。あなたがどんなに大きな動きをしても大きな声を出しても、決して作業員が気づくことはありません。そして、あなたがレバーを引いたからといって、社会的に不利になることはいっさいないとします。あなたにはレバーを動かすこと以外にできることはありません。

さて、レバーを切り替えますか。

「レバーを切り替える」が多数派

考えられる選択肢は2つです。

1つは、そのまま何もしないという選択です。この場合、トロッコは本来の進路を爆走して5人が亡くなります。

もう1つは、あなたがレバーを切り替えるという選択です。この場合、トロッコは進路をもういっぽうの線路に変え、その線路上にいる1人の作業員が亡くなります。


あなたはどちらを選択しましたか。

おそらく「レバーを切り替える」ほうを選んだ方が多いのではないでしょうか。多数派は「レバーを切り替える」で、じつに85%以上の人がこちらを選択するという調査結果があります。あなたが「レバーを切り替える」を選んだのだとしたなら、多数派に属することになります。

少数派だった方も安心してください。この問題に正解はありませんから。


では、多数派の人たちは何を思って「レバーを切り替える」と答えたのでしょうか。

少数派の人たちはなぜレバーを切り替えなかったのでしょうか。

検討にあたり、この状況を整理すると、次の3ポイントに集約できます。

①人数は1人と5人で、犠牲者の差は4人である
②片方は「レバーを切り替える」という作業が必要である
③もし自分がいなかった場合は5人が犠牲になる

多数派に属する人たちは、「レバーを切り替えたほうがいい」と考えます。なぜなら、ポイント①を重視するからです。1人が犠牲になるか、5人が犠牲になるかを比較すると、5人が犠牲になったほうが被害が大きいのは明らかです。

「とにかくかかわり合いになるのがイヤ」という人も

では、「レバーを切り替えない」と結論づける少数派は、どのように考えているので

しょうか。

少数派が気にかけている点の1つは、レバーを切り替えた線路の先にいる作業員をこの事態に巻き込み、しかも死なせてしまうことへの拒否感です。自分がレバーを切り替えさえしなければ、その作業員は無事です。「自分が他人の運命を変えていいはずはない」という考えが、レバーを切り替える行動を抑止するのです。「もしレバーを引いたとしたら、きっと殺人と同じだろう」とも考えるのではないでしょうか。

もう1つは、自分が行動を起こす必要があるという点です。もちろん、レバーの切り替え作業そのものを面倒くさいなどと思っているわけではありません。ここで自発的に行動を起こしさえしなければ、自分は単なる通りすがりの傍観者ですみます。ところが、レバーを切り替えたとたんに、事態の成り行きを決定づける当事者になってしまいます。みずから進んでこの難しい事態の当事者になってしまうということに、強い抵抗を感じてしまうのです。

そして、さらにあと1つ、もっと単純な理由があります。トロッコが迫る一瞬の隙になんらかの行動を起こすのは、とても怖いことにちがいないというもっともな感情です。

暴走トロッコと5人の作業員

多数派

1人の命より5人の命のほうが重い

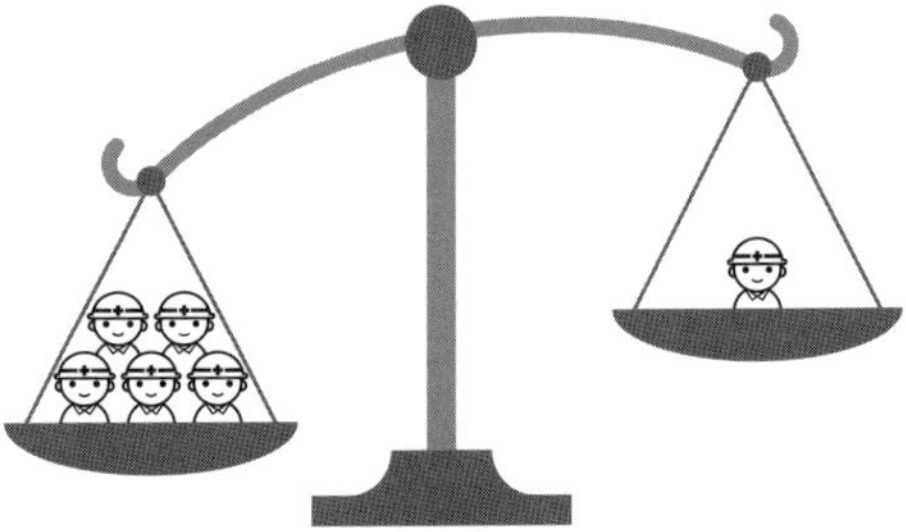

↓

レバーを切り替える

少数派

1人でも
自分の手で
殺すのはイヤ

事故とは
無関係でいたい

一瞬の隙に
行動なんて
怖くてできない

↓

レバーを切り替えない

これはあくまでも思考実験ですから、じっくりと考える余裕があるのですが、この〝怖い〟という感情が「きっと自分にはなんらかの行動を起こすのは無理だろう」という結論を導いたということもありうるでしょう。

さて、次に、設定を変えた別のトロッコ問題も考えてみましょう。

思考実験2

暴走トロッコと大きなリュックの男

ある晴れた日のこと、線路の上で5人の作業員が作業をしています。あなたはいま、線路の真上に架かる橋の上にいて、そこから作業を見ています。橋の上にはあなたともう1人、男性がいます。男性は巨大なリュックを背負っており、身を乗り出して作業を見ているため、いまにも下に落ちてしまいそうなほどです。

そこに、たくさんの石を積んだ大きなトロッコが猛スピードで走ってきました。トロッコはブレーキが故障しており、作業員たちの力では止めることができない状態です。暴走トロッコが迫っていることに気がついていない作業員たちは黙々と作業に取り組んでいます。巨大なリュックの男性も気がついていないようです。

このままでは暴走トロッコは、さらにスピードを上げて5人の作業員に激突します。激突された作業員は5人とも死んでしまうことが確実です。

このすべてを理解しているあなたは、5人の作業員を助ける唯一の方法を知っています。それは、巨大なリュックの男性の足をつかんで、橋から線路の上に落とすことです。そうすれば、リュックと男性がブレーキとなり、トロッコは止まることがわかっているとします。また、男性は確実に落とせるとします。そして、あなたが線路に飛び込んでもトロッコは止まりません。

あなたはどの作業員ともリュックの男性とも面識はありません。また、リュックの男性も作業員とはなんら関係はありません。あなたがどんなに大きな動きをしても、大きな声を出しても決して作業員は気づくことはありません。あなたがリュックの男性を突き落としたからといって、社会的に不利になることはいっさいないとします。

さて、あなたは巨大なリュックの男性を突き落としますか。

思考実験1で、レバーを切り替えることを選んだ方は、今回もアクションを起こすほうを選んだのでしょうか。それとも違う結論だったでしょうか。

おそらく今回は、巨大なリュックの男性を突き落とさないほうを選択した方が多いのではないでしょうか。思考実験1とは異なる結果です。それはなぜでしょうか。

検討にあたり、思考実験2の状況を整理すると、今回も次の3ポイントに集約できます。

①人数は1人と5人で、犠牲者の差は4人である
②片方は「巨大なリュックを背負った男性」を突き落とす必要がある
③もし自分がいなかった場合は5人が犠牲になる

思考実験1と比較すると、2つめのポイントだけが変化しています。
そして、この1つのポイントの違いによって、多数派が入れ替わったわけです。思考実験2では、「男性を突き落とす」と答えるアクション派が激減し、そのまま何もせずに5人の作業員が犠牲になるほうを選択する非アクション派が圧倒的に増えるのです。回答の割合でいうと、思考実験1とほぼ真逆の結果になることが過去の調査でわかっています。

これはなぜでしょうか。思考実験1も思考実験2も、アクションの結果は1人が死ぬか5人が死ぬかのどちらかです。違うのはその過程です。そこにはいったい何があるの

かを詳しく考えていくことにしましょう。

「レバーを切り替える」と、「リュックの男性を突き落とす」の違いを4つの点から考えてみたいと思います。

違い①　良心の抵抗

まずは、道徳的な心への負担の差です。男性を突き落とす行為は、当然ですが決して行なってはいけない行為です。人として行なってはいけないと深く知っている行動をあえて起こそうとすると、強い抵抗感が心に重くのしかかります。


別の言い方をすると、思考実験1の「レバーを切り替える」という行為にはなんら犯罪性はありませんでしたが、思考実験2の「男性を突き落とす」という行為はそれ自体が犯罪行為だからです。結果として1人が犠牲になるという点は変わらなくても、レバーを切り替える場合のほうが、道徳性という面から考えて、心の負担は少ないのです。

「やむを得ぬ理由とはいえ、自分で決断して男性を突き落とす」という行為を思い描くのですから、レバーを切り替えるときとは比べものにならないくらい、良心による心のブレーキが強く働くはずです。

余談ですが、現在の日本の死刑執行では、3つのボタンを同時に押すことで、どれが絞首台の床が抜ける本当のボタンだったのかわからなくする仕組みになっています。これも、法律に基づいた決定に従うとはいえ、人を死に追いやることになる死刑執行官の心理的負担を考えての措置です。

これを考えると、多くの人は思考実験1の場合も、いざ、線路のレバーの横に立ったとしたら、すくみあがってまったく動けないのかもしれません。

違い② 事故との距離感

リュックの男性はあなたと同様、傍観者の1人です。5人の作業員よりは、この不幸な事故とは離れた距離にいるのです。

いっぽう5人の作業員たちは、業務上の必要があってもともと線路の上におり、そのために事故に巻き込まれそうになっています。そして、あなたがいなければ5人は死ぬ運命にあります。

ところが、リュックの男性は作業とは無関係で、そもそも線路に近寄る予定もなければ、トロッコを気にする必要もない立場にいます。現時点では事故との関連性がまったくないわけです。

思考実験1の少数派意見を解説した際にも述べたとおり、自分が傍観者から関係者になるだけでも大きな心理的抵抗が生じがちです。思考実験2の場合、あなたに加えて、リュックの男性も関係者にしてしまいます。

また、思考実験1でも、レバーの切り替えによって、切り替えた線路の先にいる作業員を巻き込んでしまうわけですが、その作業員は業務上の必要からもともと線路上にいるのに対し、リュックの男性はそうではありません。

自分だけならまだしも、ほかのまったくの部外者を自分の手で事態に巻き込んでしまう選択は、いくら思考実験上の想像とはいえ心に大きな負担を強いることでしょう。

違い③　接触に対する心の痛み

思考実験1のように、レバーを動かすのであれば、直接人に触れることはありません。リュックの男性を突き落とすことに比べれば、心の負担はだいぶ軽減されます。しかし、レバーを動かすだけであっても、みずからなんらかの行動を起こすという点が、心理的な拒否感を生むということは、先ほど説明したとおりです。

ところが、思考実験2では、リュックの男性に触れ、足をつかみ、リュックを押し上げ、男性の声を無視して突き落とすのですから、みずから行動を起こさなければならないことに加えて、触覚や聴覚が直接揺さぶられます。その直接性ゆえに、さらに大きな負担となります。

たとえ、「汚れ役を引き受けているのだ」と強く念じたとしても、汚れ役の使命感を上回る耐えがたさを感じてしまう人が多いことでしょう。

直接性の影響は、設定を変化させるとよりわかりやすくなります。たとえば、遠隔操作をすれば橋の床が抜けて男性が落下するとか、男性が身を乗り出しすぎてあなたは傘でリュックをちょっと押すだけで線路の上に落ちるとか、あなたの考えを聞いたほかの人がリュックの男性を突き落とすといった事態を想像してください。きっと、これらのほうが楽であると感じるはずです。

みずから進んでリュックの男性を突き落とすという行為は、このように「直接触れる」という点でも心のハードルを非常に高めてしまいます。そのため、頭では「これで５人が助かるのだ」とわかっていても、「実際に行動に移すのは難しい」と判断する人が増えるのです。

違い④　死の必要性

思考実験1でレバーを動かす場合、あなたはもう片方の線路にいる1人の作業員を殺す目的で、レバーを動かすわけではありません。レバーを動かした先に不幸にも作業員が1人いるのです。もし、その作業員が寸前に気がついて逃げてくれるなら、それに越したことはありません。

当然ですが、その作業員に「死の必要性」はないわけです。あなたの行為が結果的に1人の作業員を犠牲にしてしまうとしても、作業員の死は不幸な事故によるものです。

しかし、リュックの男性を突き落とす場合はどうでしょうか。

トロッコは、この男性がブレーキとなって止まるわけですから、もし突き落としたはずの男性がぎりぎり難を逃れてしまったら、それはあなたにとって狙いが外れてしまったことになります。5人の救済には、リュックの男性の死が必要不可欠なのです。つまり、あなたはリュックの男性の死を望んでいることになります。

リュックの男性を突き落とすとき、あなたはこの男性が確実に死ぬことを望み、その死によってトロッコを止めようと考えて、突き落とすのですから、「1人の犠牲者」の性質は、思考実験1のレバーを動かす場合とまったく異なってきます。

以上の4つの心理的抵抗が多数派を入れ替える結果となりました。

もちろん、リュックの男性を突き落とすか否かについて、「突き落とす」と考える人も少数派ですが、存在します。

この場合、思考実験1のレバーを動かすケースと同様、1人と5人を比べて、5人のほうが犠牲者の数が多いため、リュックの男性を突き落とすという選択をしていると考えられます。

ここで注目すべきなのは、結果として犠牲者が多いか少ないかです。思考実験1の「暴走トロッコと5人の作業員」も、思考実験2の「暴走トロッコと大きなリュックの

暴走トロッコと大きなリュックの男

多数派

殺人はできない

自分も男も事故と無関係でいたい

直接手を下すのはつらい

人の死を望みたくない

男を突き落とさない

少数派

1人の命より5人の命のほうが重い

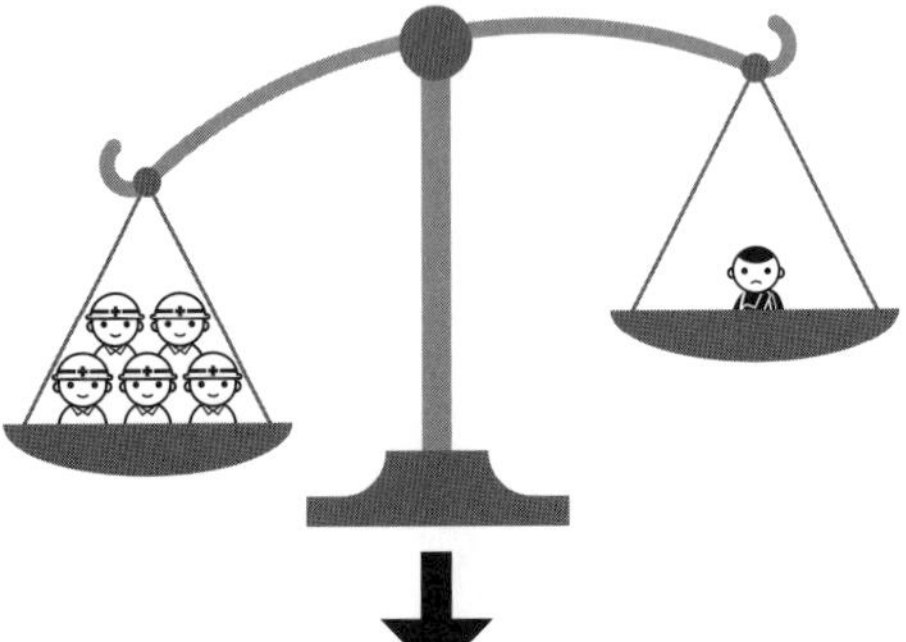

男を突き落とす

男」も、結果だけを考えれば、1人を犠牲にするほうを選択することで、5人が助かります。

いっぽう、先ほどの多数派が抱いていた4つの抵抗は、「結果」ではなく「過程」に関する抵抗です。思考実験2の多数派意見は、犠牲者を減らすという望ましい結果に至る行為にあえて抵抗するのですから、冷静に結果を見すえた最善の選択とはいえないという見方もできます。

さて、トロッコ問題には、ほかにもいくつかのバリエーションがありますが、それについては拙著『論理的思考力を鍛える33の思考実験』（彩図社、2017年）に収録しましたので、ここでは別の新たなバージョンを考えてみたいと思います。

新たにこんな問題も作られています。哲学者であり、心理学者のジョシュア・グリーンによる難題です。

思考実験3

泣き声のジレンマ

あなたの住む村は敵軍に占領され、いまも村には多くの敵軍の兵士がいます。あなたはいま、自分の赤ん坊と、村人たちと共に、とある家の地下室に隠れています。敵軍に見つかれば確実にあなたも赤ん坊も村人たちも殺されてしまうでしょう。

そんなとき、あなたの赤ん坊が泣き始めました。この声に気づかれ、敵軍の兵士がやってきてしまえば、全員が殺されてしまいます。赤ん坊を泣き止ませるには、あなたが赤ん坊の口をふさいで窒息死させる以外にはありません。

あなたは赤ん坊を泣き止ませますか。

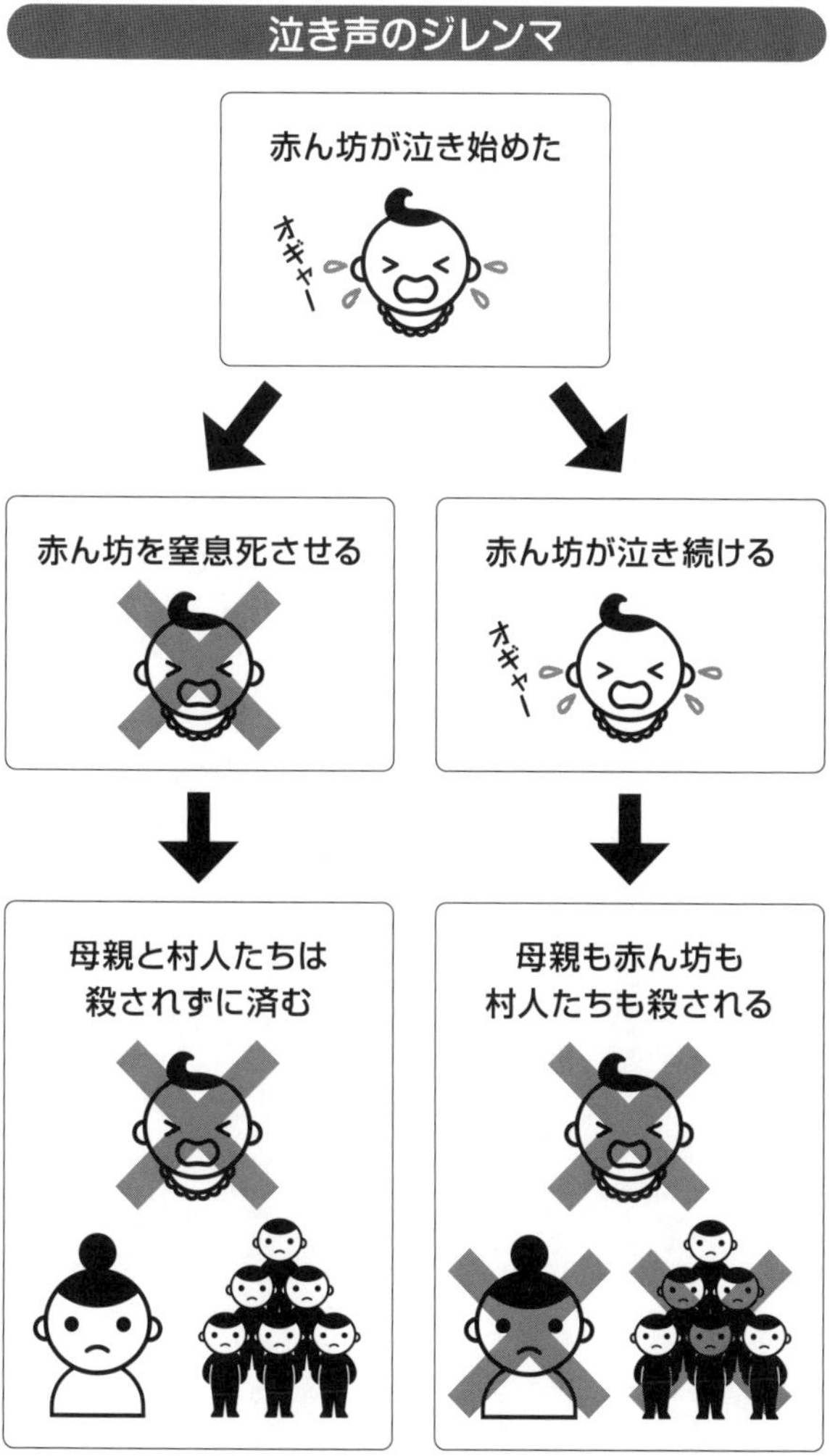
泣き声のジレンマ
赤ん坊が泣き始めた
オギャー
赤ん坊を窒息死させる
赤ん坊が泣き続ける
オギャー
母親と村人たちは
殺されずに済む
母親も赤ん坊も
村人たちも殺される

思考実験1「暴走トロッコと5人の作業員」での多数派は、犠牲者を1人とする「レバーを切り替える」という意見であり、思考実験2「暴走トロッコと大きなリュックの男」での多数派は、大きなリュックの男性を突き落とすことなく、5人が犠牲になるほうを選ぶという意見でした。

グリーンが提案したこの問題では、これら2つのトロッコ問題よりも意見が割れるそうです。その理由を探っていきたいと思います。あなた自身の意見をどちらかに決めてから読み進んでください。

まず、思考実験2「暴走トロッコと大きなリュックの男」との共通点を考えていきます。

大きな共通点は、あなた自身の手で1人を死に追いやる行為だという点です。そうしない場合、多くの犠牲者が出るという点も一致しています。

では、違いはどこにあるでしょうか。

最初に思い浮かぶのは、自分が最初から当事者である点です。そして、赤ん坊はどちらを選択しても死んでしまいます。

1人が死ぬか、その1人を含む全員が死ぬか。人数だけ考えれば1人だけ死なせるほうを選んだほうが犠牲者は減ります。当事者ではなく第三者として冷静に判断すれば、「1人のほうを死なせるべきだ」という判断は妥当なはずです。

しかし、その判断を邪魔するのが、「家族をみずからの手で殺したくはない」という、当事者としては当たり前の感情です。

人の感情は基本的に1人を犠牲にすることを望まない

また、当事者ではなく第三者にとっても、たとえばアニメやドラマで「あなたがいなくなれば、みんなが助かるの。だからごめんなさい……」と言って1人に手を掛ける主人公を観たとしたら、心の中にもやもやしたものを覚えるのではないでしょうか。酷《ひど》いとも感じられるかもしれません。

人の感情は、1人を犠牲にして難を逃れることをあまり望まないようです。それよりも、「誰か1人を死なせるなんてできない。どんなに絶望的であっても、最後までみんなで！」という主人公が支持されがちです。主人公像はたいてい後者として描かれます。

このように、理性を働かせて冷静に考えれば1人が犠牲になったほうが結果はよくても、人の心はそれに反発します。

この問題は、理性と感情の戦いなのです。

つまり、思考実験1「暴走トロッコと5人の作業員」では、理性が勝利し、思考実験2「暴走トロッコと大きなリュックの男」では、感情が勝利したと考えられます。そして、理性が勝つ派と、感情が勝つ派が大きく分かれるのが今回の発展問題というわけです。

思考実験1「暴走トロッコと5人の作業員」でも、もしポイントを切り替えた先にいる作業員があなたの家族だったとしたら、レバーを動かすほうを選ぶ人は少ないでしょう。大切な人を〝わざわざ〟死に追いやるなんてできるはずはないと、たいていの人は思うはずです。

そして、そこでもしレバーを動かさない理由として、先に解説した思考実験１の少数派同様「もともと５人は死ぬ運命にあったのだから、それに介入することはできない」と言ったとしたら、言葉はまったく同じでも、受け取られ方は違ってくるでしょう。真の理由はそこではないのではと疑われます。

トロッコ問題の思考実験１と２は、全員が自分とは関係のない人という前提があったからこそ、関与や行動への抵抗が生じるかどうか、つまり感情を揺さぶる要素が増えるか否かによって、多数派が逆転しました。

いっぽう、思考実験３「泣き声のジレンマ」は、身内の生死を分ける問題のため、感情が判断基準の最前線に踊り出しがちです。

結果としては、１人か、あるいは〝その１人を含む〟全員が死ぬわけで、どちらにしても赤ん坊は死ぬのですから、理性的に判断すればどちらが最善かは明白なのですが、私たちの判断はしばしば感情に揺り動かされます。

あなたの結論はどちらでしたか。

答えのない問題に答えが求められるAI時代

繰り返しになりますが、これらの思考実験に正解はありません。

たとえば、思考実験1「暴走トロッコと5人の作業員」の多数派は「レバーを切り替える」ですが、レバーを切り替えることが正解であるというわけではありません。単にそちらが多数派であるというだけの話です。

ここまでの問題で、「トロッコ問題に対して、いろんな見方ができるし、何を重視するかで選択が分かれることもわかったものの、どうも日常に役立つとは思えない」と感じられたかもしれません。この本のタイトルには「生き残れるビジネスマンになる」とありますから、日常やビジネスでこの問題の視点を使う例を考えてみましょう。

ではもし、「正解をどちらかに決めなければならない」という場面に出会ったとしたらどうしますか。そして、ビジネスでそんな選択を迫られる日が、じつはもうすぐそこに迫っているのかもしれません。

たとえばこんな例です。

いま、自動運転の車が注目を集めています。世界ではすでに試験運転が開始された場所もあり、あと何年かすれば自動運転の車が実際に道を走っている姿を目にすることになるのかもしれません。

自動運転の車があれば運転免許のあり方も変わってくるのでしょうか。運転免許も車も持っていない著者にとってはちょっと興味のある未来です。

しかし、ここにトロッコ問題が立ちはだかります。自動運転の車とトロッコ問題は、一見まったく関係なさそうですが、実際にアメリカのマサチューセッツ工科大学では2

016年、自動運転の車が直面しうるさまざまな状況での二者択一を問うオンラインアンケートを230万人を対象に実施しています。

次の思考実験はそのアンケートとはやや設定が異なりますが、検討してみると、きっと確かなつながりを感じていただけることでしょう。

思考実験4

自動運転のプログラム

あなたは自動運転の車の開発者チームに所属しています。会議でその車が故障した場合の設定について議論しています。

自動運転の車が走行中に故障したと想定します。搭乗者はそれに気がついていません。そしてついに事故を起こします。

ブレーキもきかず、速度も落とせない車は、自身を止めるために次のどちらかを選択する必要があります。ハンドルを左に切れば通行人5人が死亡し、ハンドルを右に切れば搭乗者もろともガードレールを突き破って崖の下に落下するとしましょう。

どちらを選択するよう設定しておくべきでしょうか。

こんな問題が議題になったとしたら、少なくともその会議においては〝答え〟を出さなければなりません。もちろん、自動運転の車は事故を起こさないようにさまざまな対策が練られ、今後飛躍的に安全性を高めていくでしょう。それでも、非常事態を想定した〝設定〟は要求されるはずです。

人の運転であれば、人はそのときどきで判断しますから、その結果として事故が起きることがあるとしても、あらかじめの〝設定〟はしようがありません。

瞬時の判断ができるようにと運転中ずっと「左から人が飛び出してきて、もしハンドルを切らなければその人にぶつかることが避けられない上に、右を見ると対向車があり、さらに対向車とぶつかったほうがリスクは極めて低くなると考えられる場合は、右にハンドルを切るぞ」と考えながら走るドライバーはいません。自動運転の車と違って瞬時に判断できる情報量は少なく、また、あらかじめ想定できるほど事故が起きる場面はみな同じではありません。それゆえに、事前に何かの〝答え〟を出しておくことはできず、「なるようになってしまった」経緯を後からさかのぼって理解するしかないわけです。

しかし、自動運転の車の場合は、非常事態をあらかじめ想定し、設定をしておくことが求められるはずです。トロッコ問題のような場面で、どちらを設定しておくべきなのか、〝答え〟が求められる事態も容易に想像できます。

もちろんだからといって、そこで出した答えが真の〝正解〟というわけではありません。決めなければならないから、「どちらでもいい」とするわけにはいかないから、やむを得ず決める〝仮の答え〟ではあるのですが、なんらかの〝答え〟を出さなければならないわけです。

判断基準に「売れるか売れないか」が加わる

1人（搭乗者）と、5人（通行人）を比較するのですから、思考実験1「暴走トロッコと5人の作業員」と同様、1人を犠牲にするほうを選ぶかもしれません。

しかし、ビジネスとなると別の感情も渦巻いてくるはずです。これは車ですから、当然、販売する必要があります。

もし、あなたなら次のどちらの車を購入したいですか。

A　制御が効かなくなった場合、通行人に1人でも犠牲者を出さない車

B　制御が効かなくなった場合、搭乗者に1人でも犠牲者を出さない車

おそらく、感情としてはBでしょう。

そうなれば、開発者は〝売るために〟後者を選択するかもしれません。1人と5人と

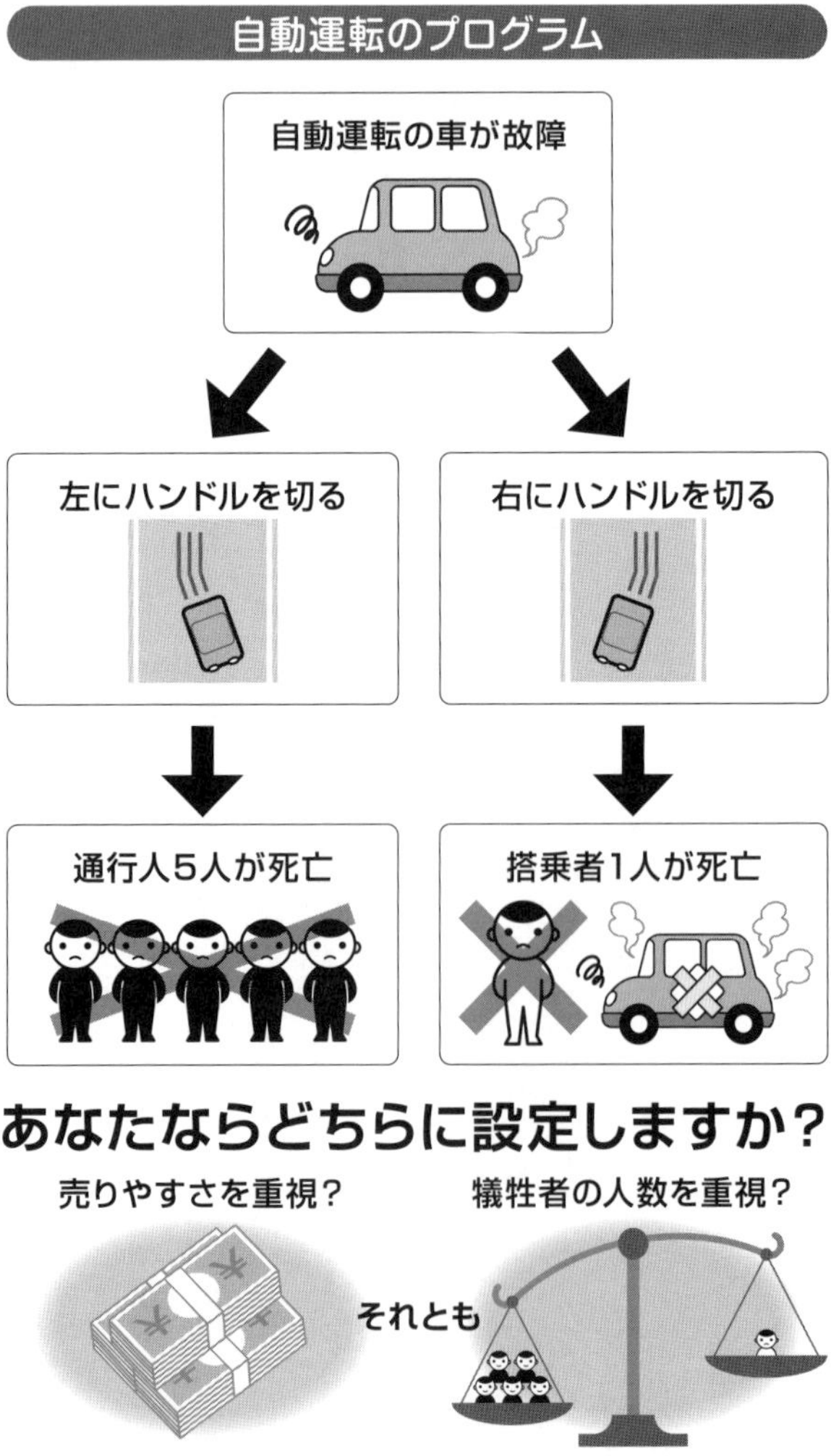
自動運転のプログラム
自動運転の車が故障
左にハンドルを切る
右にハンドルを切る
通行人5人が死亡
搭乗者1人が死亡
あなたならどちらに設定しますか？
売りやすさを重視？
犠牲者の人数を重視？
それとも

いう犠牲者の数に重きをおく設定ではなく、同じ人であれば搭乗者を優先するという設定です。

ビジネスですから必然的に、「売れるか売れないか」が大きな判断基準として浮上してきました。ビジネスとはいえ人命優先は当然ですが、この二択ではどちらも人の命ですから、重さは同じです。

あなたなら、どちらに設定するでしょうか。

第2章

クレタ人のパラドックス

——堂々めぐりを見抜くレッスン

思考実験5

クレタ人のパラドックス

嘘つきは必ず嘘しか言いません。正直者は必ず本当のことを言います。

いま、ここにAさんがいます。Aさんはクレタ人です。

そのAさんが言いました。

「クレタ人は嘘つきである」


さて、Aさんは嘘つきでしょうか。正直者でしょうか。

堂々めぐりから抜け出せない

Aさんはクレタ人の1人ですから、まず、「Aさんも嘘つきである」と仮定して検討を始めましょう。

嘘つきなAさんはこう言いました。「クレタ人は嘘つきである」

嘘つきは必ず嘘しか言わないのですから、これは嘘であるはずです。つまり、「クレタ人は正直者」が本当ということになります。

そうなると、クレタ人の1人であるAさんも当然正直者のはずです。

正直者のAさんはこう言いました。「クレタ人は嘘つきである」

正直者は必ず本当のことを言うのですから、これは本当であるはずです。

そうなると、クレタ人の1人であるAさんも当然嘘つきのはずです。

嘘つきなAさんはこう言いました。「クレタ人は嘘つきである」

嘘つきは必ず嘘しか言わないのですから、……。

というように、矛盾した問いと答えが永遠に続き、いっこうに出口が見えてきません。

この堂々めぐりが「クレタ人のパラドックス」です。

「クレタ人のパラドックス」は、古代ギリシアの預言者であり、クレタ人であったエピメニデスの言葉「クレタ人はいつも嘘つきで、たちの悪い獣であり、怠け者の大食いだ」から「クレタ人はいつも嘘つき」を抜き出し、論理学の問題として発展させたものです。

エピメニデスの言葉からできた問題なので、「エピメニデスのパラドックス」とも呼ばれます。

日常会話には暗黙の了解がある

思考実験の「クレタ人のパラドックス」はひとまずおいて、元となったエピメニデスの言葉を検討してみましょう。

クレタ人の1人であるエピメニデスはこう言いました。「クレタ人はいつも嘘つきである」

しかし、当の本人であるエピメニデスは、自分が矛盾したことを言ったとは思っていなかったはずです。なぜでしょうか。

もっと身近な例で考えてみましょう。

「ケーキって甘いじゃない。でもこのケーキは甘くないのにおいしいのよ」とBさんが言ったとしましょう。よくある発言ですよね。

これを聞いて、「ケーキのパラドックス」などと言いだす人はいないでしょう。なぜ違和感がないのでしょうか。

それはこのとき、Bさんが、「（このケーキ以外の）ケーキは甘い」と言っていることが明白に推測できるからです。

同様にエピメニデスも、「（私以外の）クレタ人はいつも嘘つきである」と言っていると推測できます。

または、「いつも」と加えたのは、強調するための言葉の綾で、「クレタ人には嘘つきが多すぎる」程度のことを言いたかっただけなのかもしれません。この場合もエピメニデス本人は、嘘つきなクレタ人に数えられていません。

あるいは、別の解釈も可能です。エピメニデス自身に嘘つきであるという自覚があり、「クレタ人はいつも嘘つき」は、みずからの虚言癖も認めたうえで、自分を含むクレタ人全般の性癖を説明したとも考えられます。

しかし、この場合にも省かれている部分があります。エピメニデスが言おうとしたこ

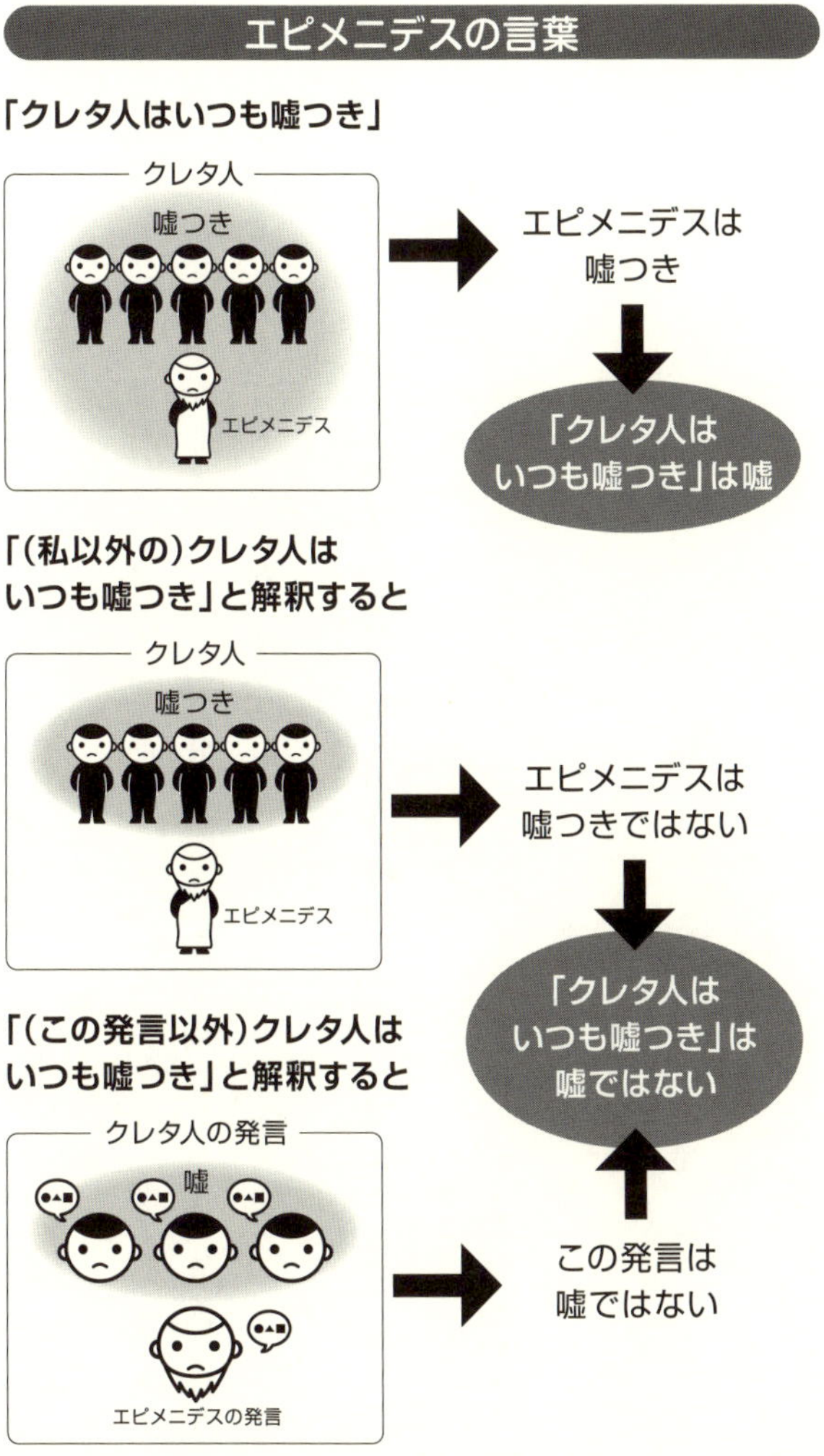
エピメニデスの言葉
「クレタ人はいつも嘘つき」
クレタ人
嘘つき
エピメニデス
エピメニデスは嘘つき
「クレタ人はいつも嘘つき」は嘘
「(私以外の)クレタ人はいつも嘘つき」と解釈すると
クレタ人
嘘つき
エピメニデス
エピメニデスは嘘つきではない
「クレタ人はいつも嘘つき」は嘘ではない
「(この発言以外)クレタ人はいつも嘘つき」と解釈すると
クレタ人の発言
嘘
エピメニデスの発言
この発言は嘘ではない

とは「（この発言以外の）クレタ人はいつも嘘つき」だったはずです。

このように、日常会話は話し手と聴き手の間に、言葉にしないまでも共有している前提があって、成り立っています。そうした言外の前提を考慮せず、はっきり示された言葉だけを追うと、パラドックスになってしまうのです。

「クレタ人のパラドックス」はパラドックスではない？

エピメニデスの言葉は、「私以外の」あるいは「この発言以外の」という言外の前提が隠れていると考えたとたん、パラドックスではなくなります。

ここで、冒頭の「クレタ人のパラドックス」をもう一度検討してみましょう。

この思考実験では「私以外の」という前提は示されていませんし、「嘘つき＝必ず嘘をつく」という前提があるので、「この発言以外の」という例外事項も想定できません。つまり、「クレタ人は嘘つきである」は、「すべてのクレタ人はいつも嘘つきである」を意味しているという解釈が成り立ちます。

この場合、Aさんも嘘つきなクレタ人のグループに含まれますし、「クレタ人は嘘つきである」というまさにこの発言も嘘ということになります。ですからパラドックスになるはず……本当でしょうか。

いいえ、そうはならないのです。

嘘つきなAさんがこう言いました。「すべてのクレタ人はいつも嘘つきである」。嘘つきは必ず嘘しか言わないのですから、これは嘘であるはずです。

しかしこの場合、「すべてのクレタ人はいつも正直者」が本当とはかぎりません。クレタ人に正直者が1人以上いれば、あるいはクレタ人の誰かが一度でも正直な発言をすれば、「すべてのクレタ人はいつも嘘つきである」は嘘であることになるのです。つまり、次のようなやりとりになるでしょう。

クレタ人のAさんは言いました。「すべてのクレタ人はいつも嘘つきである」

聞いていた人はこう思いました。「さすがにクレタ人全員がいつも嘘つきだなんてありえないだろうけど、Aさんは嘘つきだからね。まあ、そう言うだろうね」

これですむ話になってしまい、パラドックスになりません。以上のことから、「クレタ人のパラドックス」は、そもそもパラドックスではないという意見もあります。

じつは、Aさんの発言はもっとシンプルなひとことにすることで、完全にパラドックスになります。

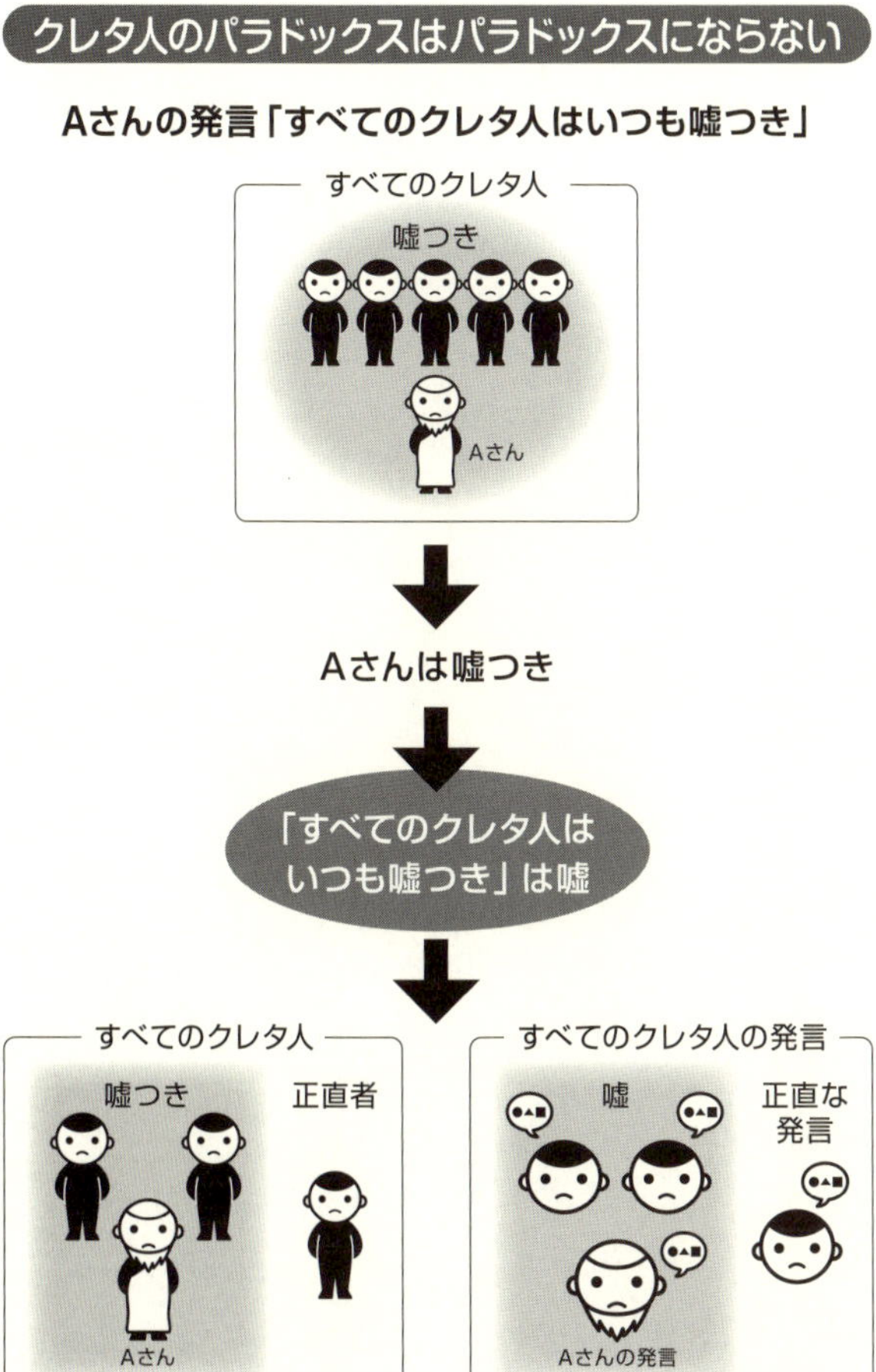
クレタ人のパラドックスはパラドックスにならない
Aさんの発言「すべてのクレタ人はいつも嘘つき」
すべてのクレタ人
嘘つき
Aさん
Aさんは嘘つき
「すべてのクレタ人はいつも嘘つき」は嘘
すべてのクレタ人
嘘つき
正直者
Aさん
1人でも正直者がいる
すべてのクレタ人の発言
嘘
正直な発言
Aさんの発言
一度でも正直な発言がある
どちらでも成り立つ

思考実験6

自己言及のパラドックス

「私は嘘つきです」

この場合も、嘘つきは必ず嘘しか言わず、正直者は必ず本当のことを言うのが前提とします。

Aさんは嘘つきでしょうか。

私＝Aさんですから、「Aさんは嘘つきである」と仮定して、検討を始めてみましょう。

嘘つきなAさんはこう言いました。「私は嘘つきである」
嘘つきは必ず嘘しか言わないのですから、これは嘘であるはずです。つまり、「私は正直者」が本当ということになります。

正直者のAさんはこう言いました。「私は嘘つきである」
正直者は必ず本当のことを言うのですから、これは本当であるはずです。そうなると、Aさんは嘘つきということになります。

嘘つきなAさんはこう言いました。「私は嘘つきである」
嘘つきは必ず嘘しか言わないのですから……。

このように、この章で最初に検討した「クレタ人のパラドックス」と同様の堂々めぐりになります。これは、「自己言及のパラドックス」というジャンルのパラドックスです。

こうした矛盾をめぐって堂々めぐりとなる思考実験は、ほかにもいろいろあります。たとえば、次の思考実験もそうした有名な例です。

思考実験7

張り紙のパラドックス

壁に一枚の張り紙が張られています。その張り紙には次のように書かれています。

「この壁は張り紙禁止です」

ハリガミ委員会は、壁に張られる張り紙をゼロにすべく、今回、「この壁は張り紙禁止です」という張り紙を作り、壁に張りつけたようです。

しかし、その紙自体が〝張り紙〟ですから、これは禁止行為にはならないのでしょうか。

あなたはどう考えますか。

暗黙の根拠があれば納得できる

壁が張り紙禁止であることを伝えるために、その壁に本来禁止のはずの張り紙を張ってしまったというパラドックスです。実際にこんな張り紙を見て、不思議に思ったことがある、ツッコミを入れたことがある、という方もいるのではないでしょうか。

張り紙禁止の張り紙は、説得力がないと言われても仕方がないかもしれません。

似た例を考えてみましょう。

たとえば、ジュースを飲みながら「ここは飲食禁止だよ」と言われたとしたら、きっと「だって、あなたも飲んでいるではありませんか」と反論したくなりますよね。

しかし、危険性を伴う場所で、「これ以上立ち入らないでください。ここは立ち入り禁止です！」と、立ち入り禁止エリアの中にいる人に言われたとしたらどうでしょうか。「この人は現場の人で、一般の人に立ち入り禁止エリアに入られないように見張っているんだな」と思うのではないでしょうか。「あなたは入っているじゃないか」と思うことは少なそうです。

では、両者の差は何でしょうか。そして、ハリガミ委員会の張り紙はこのどちらに近いのでしょうか。

まず、ジュースを飲みながら「ここは飲食禁止です」と言う人と、立ち入り禁止エリアの中から「立ち入り禁止です」と言う人の違いを見ていきます。これは、先ほどエピメニデスの発言を検討したときと同様に、明言されていない暗黙の前提をひとこと補うと差がはっきりします。

こんな看板や張り紙を見かけたことがあるでしょう。「関係者以外立ち入り禁止です」

この「関係者以外」をつけ加えてみます。

●この場所は、関係者以外飲食禁止
●危険につき、関係者以外立ち入り禁止

後者はわかります。現場の人は安全性を確保して作業していますから、そういった装備や知識のない人には立ち入られないようにしているのです。

では、「関係者以外飲食禁止」はどうでしょうか。

飲食禁止の場所はたいてい、「飲食禁止」であること自体がその場所をある目的の状態に保つために必要なのです。たとえば美術館で職員が「関係者だから自分はＯＫ」として、お菓子をポリポリと食べていたとしたら、「なんておかしな美術館なんだ」と納得がいかないでしょう。その美術館にはクレームが殺到するかもしれません。飲食禁止の場合、誰であるかによって適用が変わることはほとんどありません。その場所を守るために、飲食禁止にしているからです。

もし、例外的に「関係者以外飲食禁止」である場所があるとしたら、関係者専用のスペースなどでしょう。

しかし、それであれば「関係者以外飲食禁止」以前に「関係者以外立ち入り禁止」と考えられます。やはり、関係者がジュースを飲みながら「ここは飲食禁止だよ」と言ったとしたら、クレームを招くと考えられます。


では、「張り紙禁止」はどうでしょうか。これも、「管理者以外の張り紙禁止」とか、「所有者以外の張り紙禁止」という意味をもつと解釈するほうが自然でしょう。つまり、その場所の所有者や管理者による張り紙であると考えられます。

『DEATH NOTE』の設定も一種のパラドックス

「張り紙のパラドックス」のような矛盾は、しばしば映画やアニメの題材としても登場

張り紙禁止の張り紙

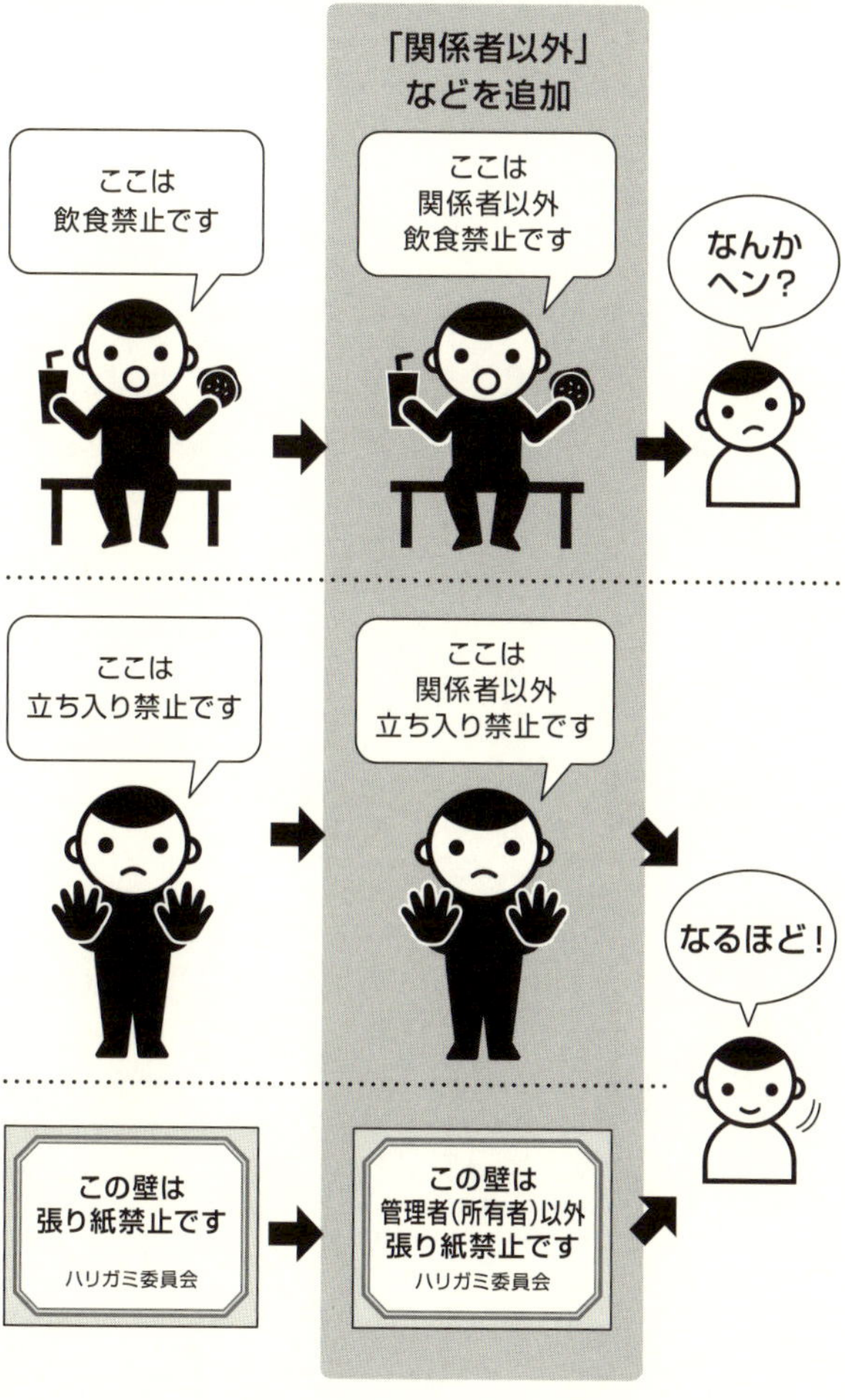
「関係者以外」
などを追加
ここは
飲食禁止です
ここは
関係者以外
飲食禁止です
なんか
ヘン？
ここは
立ち入り禁止です
ここは
関係者以外
立ち入り禁止です
なるほど！
この壁は
張り紙禁止です
ハリガミ委員会
この壁は
管理者(所有者)以外
張り紙禁止です
ハリガミ委員会

します。矛盾は見る人にもどかしさや切なさなど、どうしようもない心の葛藤を生み出すため、そういう演出をしたいときに重宝されるのでしょう。

たとえば、大ヒットを記録した漫画『DEATH NOTE（デスノート）』（原作／大場つぐみ、漫画／小畑健、集英社、2004～2006年）もその1つです。
人気漫画であり、映画化もされた『DEATH NOTE』は、主人公の月《らいと》が、不思議なノートを手にすることから物語が動き出します。そのノートは、そこに名前を書かれた人の命を奪う力を備えていて、月はデスノートを使い犯罪者を抹殺することで世界を平和に導こうとします。月の暗躍により、事件の容疑者たちが次々と殺され、それが抑止力となることで犯罪は激減してゆきます。そして、多くの人々は「世の中が平和になった」と喜ぶのです。

しかし、これが平和なら、それは偽りの平和と言えるでしょう。犯罪者を減らすためにみずからが独断で殺人を犯すというパラドックスに満ちた行動は、見る人に違和感を与え、疑問を抱かせます。当然ながら主人公はダークな存在として描かれ、やがて探偵

Lや警察に追われる展開になっていきます。

日常のビジネスはパラドックスだらけ

ビジネスの場面でも、私たちは日常的にさまざまなパラドックスに悩まされているはずです。

たとえば、芸人Cさんが、大ヒットのネタを作り出しました。それによってCさんはあちこちのテレビ番組に引っ張りだこになり、忙しい日々をおくります。

しかしCさんは売れるにしたがって〝新しいネタ〟を発信する機会を奪われます。大ヒットのネタを作る前はもっとたくさんのネタを作り、人前で披露することができました。しかし、1つのネタでヒットしたがためにそのネタばかりを求められるようになってしまったのです。

そしてブームが去ったあと、Cさんは一発屋芸人と呼ばれ、過去の人として片づけられてしまうのです。

これは、企業でも起こり得ることでしょう。

たとえば、あるお菓子が大ヒットし、会社の業績は右肩上がり。その商品が飛ぶように売れると、開発部がもっとおいしい新フレーバーを開発しても、経営陣は「いま、人気のあるこの味は変えられない」と採用をしぶるかもしれません。工場の生産ラインがヒット中のお菓子に占領されて、ほかの商品は作れなくなってしまうかもしれません。

しかし、ブームというものはいつかは終わるものですから、どこかで変化を試みていかないと、やがては時代に取り残されてしまいます。

また、Aさんが新しく斬新な事業を始めようと出資者を募っているとき、とある投資家から、こんなことを言われたとしましょう。「Aさんに出資するかを検討するにあたって、類似事業の成功実績を示してほしい」

〝斬新な事業〟に類似の例はありえません。もし「類似の事業の成功例」を示せるとす

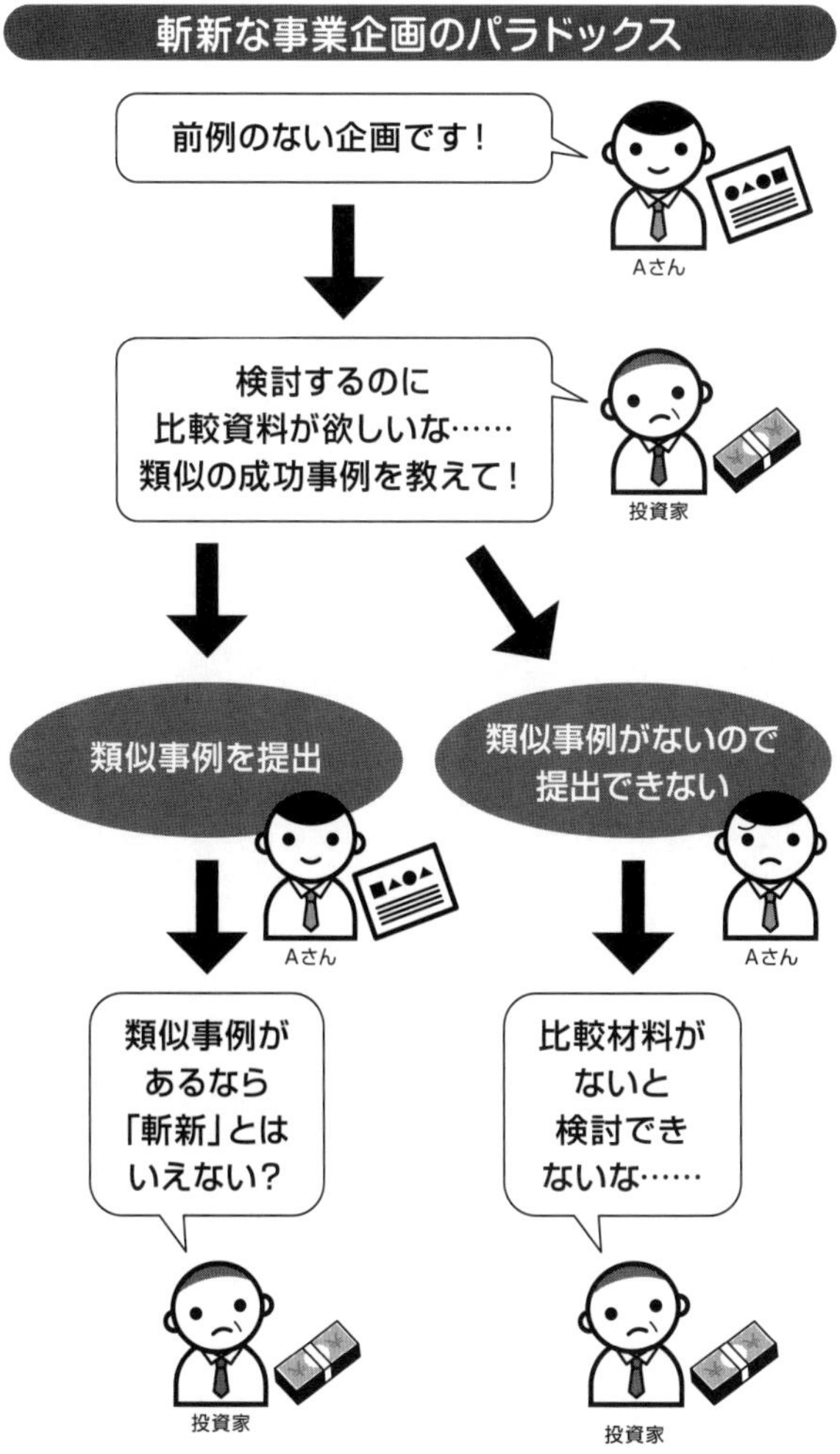
斬新な事業企画のパラドックス
前例のない企画です！
Aさん
検討するのに
比較資料が欲しいな……
類似の成功事例を教えて！
投資家
類似事例を提出
類似事例がないので
提出できない
Aさん
Aさん
類似事例が
あるなら
「斬新」とは
いえない？
比較材料が
ないと
検討でき
ないな……
投資家
投資家

れば、その事業は〝斬新〟とは言えないはずです。

また、こんな話もあります。

鋭い経営者の中には、新しい企画を会議で発表して、反応が悪かったときに「イケる！」と感じる場合があると聞きます。一見矛盾しているように思えませんか。

しかし、反応が悪いということは、「そういう発想の商品がまだ世間にないために、会議の出席者は拒否感を抱いたのだ」という解釈もできるわけです。

この経営者なら、反対に会議での反応がよい場合、すでに似た商品があるために参加者が満足感を予測できるせいだと解釈し、競争の激しい既存市場への参入は避けようと、その企画を断念するでしょう。

新しいモノを受け入れるのに時間がかかるのが、人であり社会です。

たとえば、いまでは当たり前になりつつある「充填《じゅうてん》豆腐」も、出始めの頃はすんなり万人に受け入れられたわけではありません。著者自身もなんとなく水に浮かんだ豆腐を購入していた記憶があります。

なんとなく作りもの感が強くて自然な感じがしないと、軽い拒否感を覚えた人のほうが多いのではないでしょうか。現在もまだ「充填豆腐」より「水に入った豆腐」のほうがおいしそうと、理由もなく感じるなら、まだ「充填豆腐」を受け入れていない証拠かもしれません。このように新しいモノは受け入れられるまでに時間がかかるものです。

新しいモノをなかなか受け入れられないのは、「新しいモノよりも古くからあるモノが、より馴染みがあって安心である、信じられる」と思い込む心理があるからです。この心理は、「ベテラン・バイアス」や「バージン・バイアス」と呼ばれています。

この知見に基づいて、新企画への「反応がよい」場合に、「すでに似た商品があるからだ」と解釈し、その企画をやめるという判断もあるのです。あえて拒否感を狙うということで、これも一種のパラドックスのようですね。

第3章

テセウスの船

――視点のズレに気づくレッスン

思考実験8

テセウスの船

ミノタウロスを見事討ち取った英雄テセウスが、クレタ島からアテナイの街に帰還しました。その際に乗っていた船は「テセウスの船」と呼ばれ、テセウス亡き後も大切に保管され、後世にその功績を伝える遺産となります。

テセウスの船は木製のため、時の流れには逆らえず、だんだんと木材が腐朽《ふきゅう》し、かつての姿とはすっかり変わってしまいました。

そこで、テセウスの船を復旧させようと、作業員たちが腐朽した木材を新しい木材に換える補修作業を行ないました。だいぶ傷んだ木材が確認されるたびにこの補修が行なわれ、これにより、テセウスの船は常に見る人々を圧倒する勇敢な姿を保ち続けました。

そして、気がつけば、最後の1枚を交換するときがやってきました。

この日、木材の交換の作業を行なっていた作業員の1人は、ため息をつきました。

「うーん、これでテセウスの船はレプリカになってしまったのか」

「何を言っているんだ？」

「だって、もともとのテセウスの船に使われていた木材はもう1つも残っていない。すべて新しいものだ。これでは単なる『同じサイズで精巧に造ったご立派なニセモノ』じゃないか」

いまここにあるテセウスの船は、あの英雄テセウスが乗っていたテセウスの船に使われていた木材や部品がすべて取り除かれ、新しい素材だけで構成されていました。そこで、別の作業員が提案します。

「それなら、この船から取り除いた、腐朽した木材を使ってもう一度テセウスの船を組み立ててみないか。取り除いたとはいえ、あのテセウスの船を構成していた木材だから、すべて処分せず残されている。これならギリギリ船の形にすることはできるのではないか？」

テセウスの船がレプリカになったとため息をついた作業員は、即座にその意見に賛成し、組み立て作業が始まりました。

3週間後、テセウスの船を見に来た民衆は驚きます。なにせ目の前にあの伝説のテセウスの船が2つあるのですから無理もありません。

「なぜだ！　テセウスの船が2つある……！」

「1つはキレイな船、もう1つはボロボロな船だ。自分はキレイな船のほうが好きだな」

「何を言っているんだ。ボロボロの船こそ、あのテセウスが触れた船だろう！」

「これは参った。いったいどっちがホンモノのテセウスの船なんだ……？」

「テセウスの船は1つのはずだ。2つともテセウスの船であるはずはない。どちらかがニセモノであるはずだ」

ホンモノのテセウスの船はどちらなのでしょうか。

以降は、説明をわかりやすくするために、修復されたテセウスの船を「新しい船」、腐朽した木材で組み立てなおしたテセウスの船を「古い船」と呼ぶことにします。

復元物はニセモノ?

筆者が自分の身の回りの人たちに聞いてみたかぎりでは、直感的に「古い船」をホンモノととらえる方が多いようです。このほうが感情としては自然だということになるのかもしれません。それはなぜでしょうか。

仮に、歴史的に重要な建物が全焼し、そっくりな建物を建てたというニュースがあったとしたら「立て直しにかかった費用」よりも、「歴史的な観点」から見てもったいないと感じることが多いでしょう。通常の火災とはまったく違う視点で見ることになります。

歴史的な建造物の場合、その材木や石は実際に長い時を超えて受け継がれてきたわけですから、焼失後、もし新しい建材でそっくりに建て替えられたとしても、歴史的な価値は失われてしまったという感が否めません。もし、見に行くとしたら「立て直された城」よりも、「昔から存在する城」を選びたくなるものです。

金のしゃちほこで有名な名古屋城は、国宝に指定されていましたが、第二次世界大戦の空襲で焼失してしまいました。その後復元されたものの、現在は国宝には指定されていません。日本の三大名城の1つとされる城であっても、「天守閣が復元されたものである」という理由で、国宝の指定を外されたのです。

しかし、だからといって、名古屋城のように「歴史に忠実に再現された城」であるなら、その建物を〝ニセモノ〟と呼ぶのにも違和感があるでしょう。

なぜなら、かつてそこにあった城がこんな城だったのだと、実際に目で見ることができますし、その時代の暮らしなどの歴史を感じとることもできるからです。いま、名古屋城に行くとしたら、「ニセモノの城に行く」と思うでしょうか。それはちょっと違うでしょう。

テセウスの船に話を戻します。「古い船」と「新しい船」のそれぞれについて、〝同じ〟とは何かを考えていきます。

素材が〝同じ〟ほうがホンモノ？

直感的に「古い船」のほうをホンモノのテセウスの船と感じるとき、どこを比べて〝同じ〟と感じているのでしょうか。おそらくは次のような点でしょう。

●当時の素材がそのまま使われていること

●キズや劣化が同じであること

●英雄テセウスが実際に乗った船であること

もし古い船が口をきけるとしたら、「この船を構成する板は、当時からずっとここにあり、この板に目がついていたとしたら、すべてを見てきた板なのだ。一度解体されたとはいえ、英雄テセウスが触った板は古い船にしかない」と、ホンモノであることを主張できます。もし、私たちが「古い船」と「新しい船」双方の板に触れたとしたら、その重みはまったく異なるでしょう。こう考えていくと、「古い船」こそがホンモノのテセウスの船であるように感じられます。

細胞が全部入れ替わっても私は私？

しかし、「新しい船」を「ホンモノ」と考える見解もあります。それは、次のような主張です。

- 修理によって船の形を保ち続け、これまでテセウスの船として認められてきたこと
- 当時と同じように海に浮かぶことができること
- 見た目が当時とそっくりであること

もし、テセウスの船に魂があるとしたら、体をメンテナンスしながらずっとそこに

テセウスの船

古い船

- 当時の素材がそのまま
- キズや劣化がそのまま
- 英雄テセウスが実際に乗った実物

新しい船

- これまでずっと「テセウスの船」と呼ばれてきた
- 当時の船と同様、海に浮かぶことができる
- 当時の船と、見た目がそっくり

「ホンモノはどちら?」

「船」として存在し続けてきた結果としていまに至るわけですから、「新しい船」こそがホンモノであると主張できるでしょう。

「新しい船」はいまも立派に海に浮かび、動かすことだってできます。つまり、いますぐにでもテセウスを乗せた時のようにクレタ島に向かうことができるわけです。細部までテセウスの船にそっくりで、テセウスの勇敢な行動を支えるにふさわしい美しい姿を保ち続けています。

いっぽう「古い船」は長らく存在せず、ある日突然あらわれたのです。もし、「新しい船」がニセモノであるなら、いつ、ホンモノからニセモノに変わったのでしょうか。最後の1枚が取り除かれた瞬間でしょうか。もしそうであったなら、最後の1枚のみを残した「新しい船」と、1枚だけ新品の板を使った「古い船」があった場合、どちらがホンモノでしょうか。

私たちの体も、常に新陳代謝によって新しい細胞が作られ、古い細胞が壊れることで生命を保っています。生まれたときと同じ細胞などただ1つも残っていないでしょう。それでも私たちは、生まれたときといまの自分を〝同一人物〟であると認識しているはずです。そう考えると、私たちの体は「新しい船」のようだとも言えます。

見方によって〝ホンモノ〟は変化する

「古い船」にも「新しい船」にもそれぞれに、ホンモノと主張しうる根拠があることが見えてきました。

しかし、実際に2つの船が並んでいるのを目にしたとしたら、やはり「どちらかがニセモノであるはずだ」と白黒つけたくなるのではないでしょうか。両方ともがホンモノであると言ってしまうのは、やはり問題があるように感じられます。

そもそも、〝ホンモノ〟とは何なのでしょうか。

「この財布はホンモノのルイ・ヴィトン？」と聞くとき、この〝ホンモノ〟は何を意味するでしょうか。

これは、「ルイ・ヴィトンというブランドの財布に間違いはないですか？」と同じ意味であると考えられます。「新商品を発表したときに展示されていたルイ・ヴィトンのあの財布そのものですか？」という意味ではないことは明らかです。

テセウスの船に置き換えるなら、「テセウスの船と同一の型と手法で造られ、同一の集団（現代でいう会社のようなもの）が監督した船ですか？」のようなものです。当初から修理に携わった集団が、いまに技術を伝えながら修理を続けているわけですから、ホンモノのテセウスの船の現在の姿と考えることができるでしょう。こう考えると「新しい船」のほうがホンモノとして受け入れられそうです。

いっぽうで、ピカソの絵を見て「これはホンモノ？」と聞くときは、「あのピカソ本人が描いた絵そのものであるか？」を聞いていることでしょう。

テセウスの船に置き換えるなら、「あのとき、あの時代のあの職人たちが造ったテセウスの船？」という意味になります。こう考えると、ホンモノの船は「古い船」ということになるでしょう。

結局、〝ホンモノ〟の意味はそのときどきで変わるのです。

言葉のもつ意味は、私たちが意識している以上に多様です。その多様な意味を普段はとくに意識することもなく自然に使いわけているため、〝ホンモノ〟という言葉の意味のもつ幅に気がつかないのでしょう。

たとえば郷土料理Ａというものがあって、「ホンモノのＡ」は何かを考えると、「本場で作られたＡ」「その土地で家庭料理として作られているＡ」「本来の製法を守ったＡ」、「本場の材料で作られたＡ」など、さまざまな解釈が成り立つでしょう。

「テセウスの船」も解釈の仕方で両方がホンモノとも言えますし、両方がニセモノとも言えます。そして確実に、双方の船にホンモノである部分とニセモノである部分が存在します。それは何をもって〝ホンモノ〟とみなすかという視点によって違ってくるからです。

もう１つ、〝同じ〟をどうとらえるかを考える思考実験があります。オーストリアの生物学者ポール・ワイスによるこんな思考実験です。

思考実験9

ポール・ワイスの思考実験

試験管にヒヨコを入れます。そのヒヨコをすりつぶしました。
元のヒヨコから、「失われたもの」は何でしょうか。

「失われたものは何か」を考えることは、「同じでない部分」を探すのに似ています。「ヒヨコをすりつぶす」というちょっとグロテスクな設定に、少し気分が悪くなった方もいるかもしれませんが、興味深い思考実験ですので、ぜひついてきてくださいね。

ポール・ワイスの思考実験

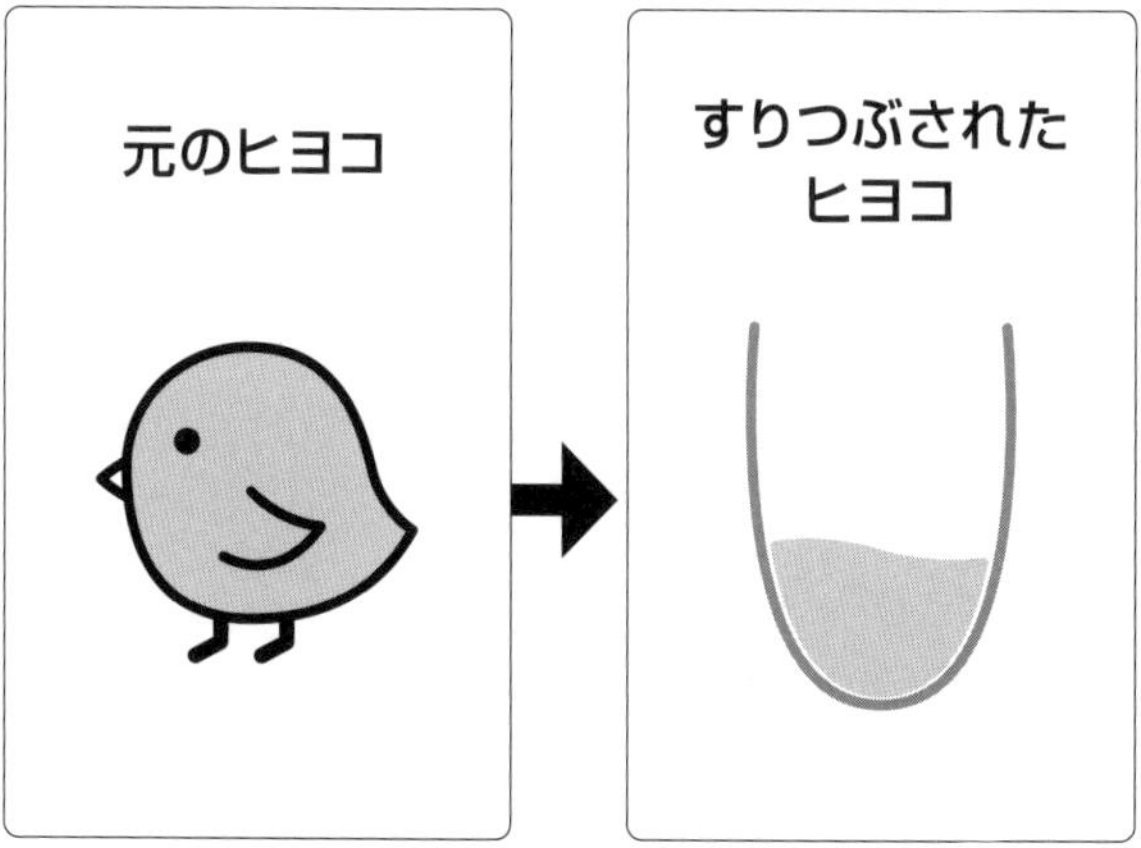

「失われたものは何？」

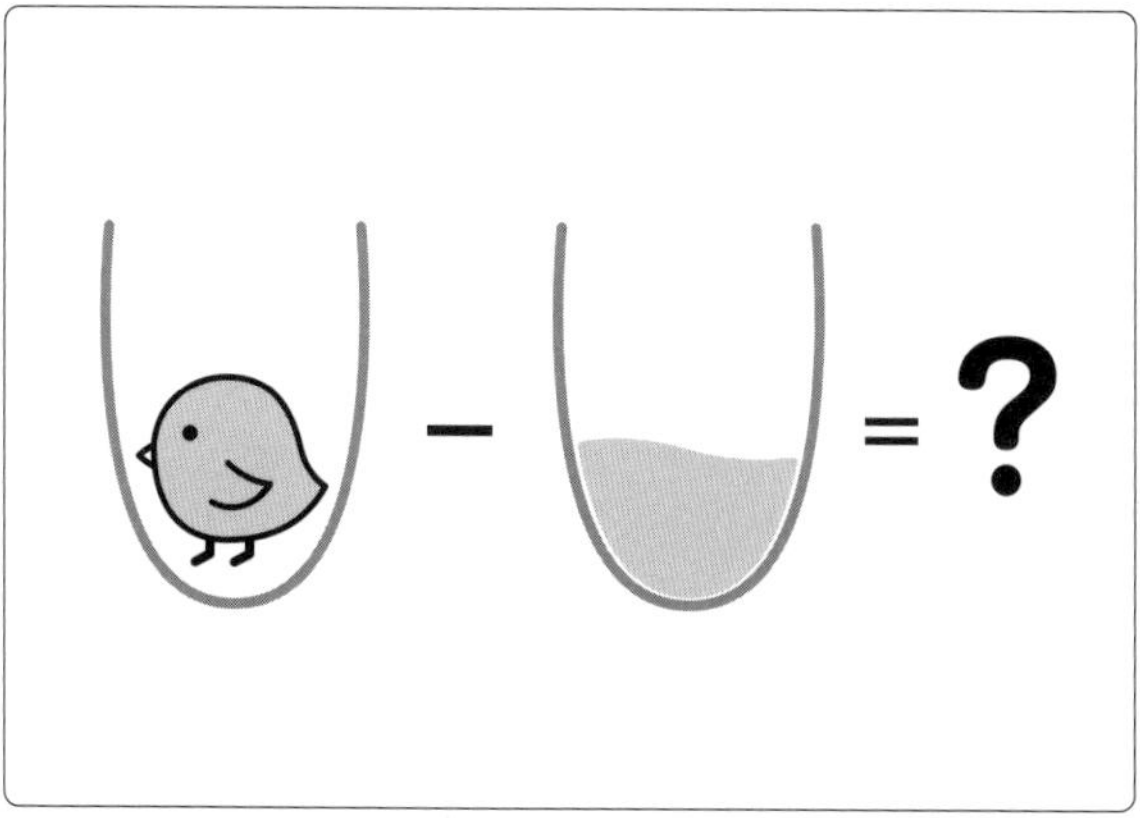

“命”以外に失われたものとは？

この思考実験の答えの1つは、3秒と待たずして得られるでしょう。当然ながら「ヒヨコの命」が失われます。

しかし、ポール・ワイスは、「物質としては何も失われていない。単にヒヨコをホモジナイズ（均質化）しただけ。それなのに何かが失われている」という点を考えるためにこの思考実験を考案したようです。

私たちの日常で一番身近なホモジナイズと言えば、乳製品でしょう。脂分が浮いてしまわないように、牛乳や生クリームの脂分を細かく砕いてきれいに混ぜ合わせ、安定させること、これがホモジナイズです。牛乳や生クリームを構成する物質はまったく同じなのに、見た目も味も変わります。

実際のホモジナイズでは、その過程で物質が蒸発したり変質したりすることもありうるわけですが、ここでは、元のヒヨコとホモジナイズしたヒヨコとの間で物質的には失われたものはないとして考えることにします。

さて、命以外にもさまざまな答えが見つけられるでしょう。いくつ見つけられるか考えてみてください。あなたの発想を広げるうえで役に立つはずです。

頭に浮かびやすいのは、色、形などといった見た目に関わるものでしょう。そのほかにも、動き、声など生命に関するものを答えとしてもいいはずです。さらには、実験をした自分に目を向けて、時間、費用、平穏な心なんていう答えもあるかもしれません。

いろいろな答えが考えられるのですが、この思考実験については、拙著『考える力を鍛える論理的思考レッスン』（マガジンハウス、2018年）で詳しく説明しましたので、本書ではこのくらいにして、次にビジネスシーンでの例を考えてみましょう。

思考実験10

元祖はどちら？

ユカリさんは喫茶店「ヒマワリ」を15年前にオープンし、繁盛させてきました。
ところが、去年の夏、集中豪雨があり、店は床上まで浸水してしまいました。ちょうどその少し前から、もう少し人通りの多い繁華街に店を移転する構想もあったことから、これを機会にと一念発起し、駅前に新しく店をオープンさせることにしました。その際、前の店から使えるものはすべてもってこようと考え、机や椅子、メニュー、装飾品、食器類、冷蔵庫などを新しい店に運び入れました。

それから1年がたった頃、ユカリさんの弟のショウさんは以前の店舗をリフォームし、以前あった喫茶店とそっくりな喫茶店をオープンしました。使える木材は再利用したそうです。もともと別の町で「ヒマワリ」2号店を運営していたショウさんは、「場所も、

元祖はどちら?

ユカリさんの喫茶店「ヒマワリ」

- 15年前の開店時と店主が同じ
- 15年前の開店時と家具や備品が同じ

ショウさんの喫茶店「ヒマワリ」

- 15年前の開店時と場所が同じ
- 15年前の開店時と建物の建材が同じ

外観も同じなのだから、こちらが元祖の1号店だ」と言い出しました。

どちらが1号店なのでしょうか。


「テセウスの船」同様、何をもって元祖とするかで解釈は変わるでしょう。

辞書で〝元祖〟の意味を調べると、「それを始めた最初の人・もの」と出ます。

「最初の人」を重視するなら、元祖は「ヒマワリ」を15年前にオープンさせた姉のユカリさんですから、ユカリさんの店が元祖でしょう。しかし、ユカリさんは場所を変えて営業していますから、「もの」を重視するなら元の場所にそっくりの姿で存在する「シヨウさんの店」を元祖と考えても問題はないでしょう。

それならば、両方の店が「元祖」を名乗ったとしても嘘ではないということになりそうです。「人としての元祖」と、「ものとしての元祖」という、何をもっての「元祖」なのかの違いがあるだけです。

思考実験11
お城のエレベーター

もし、「姫路城と名古屋城にエレベーターが設置されます」という記事を新聞で目にしたとします。
設置すべきだと考えますか。それともエレベーターは設置すべきでないと考えますか。

もし、「設置すべきでない」と考えるなら、それはなぜでしょうか。

「風情が失われる」「もともとなかったものだから」という意見が多いでしょう。実際のところ、天守閣が現存する12の城のどこにも、エレベーターは設置されていません。しかし、身体が不自由な方など、エレベーターがないと天守閣の2階、3階を見て回りにくい方にとっては、エレベーターの設置は望むところでしょう。

エレベーターを設置すると、何が〝同じ〟でなくなり、何が〝失われる〟のでしょうか。

喫茶店の話と城のエレベーターの話を、思考実験8「テセウスの船」と思考実験9「ポール・ワイスの思考実験」の両方の視点をふまえて考えてみると、さまざまな意見が出てきそうです。

あなたはどんな見解をもちましたか。

第4章

ギャンブラーの誤謬

――直感を疑うレッスン

思考実験12

ギャンブラーの誤謬《ごびゅう》

とある有名なカジノで1人の男が悩んでいました。この日、男がこのルーレット台に着いてから、3回連続で赤が出ています。

「うーん、また赤か。3回連続で赤とは少し珍しい。そろそろ黒が出るのではないか?」

男は黒に賭けました。しかし、結果はまたも赤でした。

「そうか……。しかしそろそろ黒の番だろう」

男はそのまま黒に賭け続けました。そして、男の不安と怒りはどんどん大きなものになっていきます。なんとこの日、男がこのルーレット台に着いてから、8回連続で赤が出ているのです。そして、9回めのゲームが始まりました。

コロン!

「また赤か！　なぜだ、この台は赤が出るように調節されているのか！　クソッ」

男は3回連続で赤が出たときから、次は黒だろう、さすがにその次は黒だろう、と、黒に賭け続けてきました。

それなのに、これで9回連続の赤です。

さて、次は黒が出る可能性が少しは高まるのでしょうか。もしかしたら、この台は赤が出るように調節されている疑いがあるのでしょうか。

感情が判断を鈍らせる

本来、ルーレットには、赤と黒以外のマスもありますから、正確には赤が出る確率と黒が出る確率は50％ずつではありませんが、ここでは計算と思考を単純にするために50％として考えていきます。

最初に赤が出る確率は2分の1（50％）です。2回連続で赤が出る確率は、最初に赤が出て、さらに赤が出たので、4分の1です。同様に、3回連続で赤が出る確率は8分の1となります。確率的に8回中1回の出来事ですから、たしかに男の考えるとおり、〝少し珍しい〟現象のようです。

これを9回連続まで計算していくと、512分の1となります。512回中1回の確率ですから、とても珍しい現象です。1日9回のゲームに参加したとして、1年で一度もお目にかかれない可能性もずいぶん残ります。

これが、もし10回連続で赤となると、なんと1024分の1という驚異的な出来事になります。100分率に直すと約0・098％です。こんな驚異的なことが起こるとは思えないという男の心情もわかるような気もしてきます。

では、男が考えるように、次は「黒」になる確率が少しは高いのでしょうか。

今度は、9回連続で赤の後に黒が出る確率を考えてみます。

9回連続で赤が出る確率は先ほど計算したとおり512分の1です。100分率に直すとだいたい0・2%くらいです。この次に赤ではなく黒が出る確率はどうなるでしょう。先ほどより少しは上がるでしょうか。

ここまでの計算で、もうおわかりでしょう。

9回連続で赤が出た後に、黒が出る確率は、512分の1×2分の1で、1024分の1です。先ほどの赤10連続とまったく同じ結果になります。

それぞれのゲームにおいて、赤と黒が出る確率は半々で均等です。毎回確率は独立して均等を保っているのですから、10回めのゲームも黒と赤は半々の確率で出ます。確率が半々なところに「たまたま赤が出た」が10回繰り返されただけと考えるべきでしょう。

ただ、物語の男がこれをまったく理解していないとも考えにくいでしょう。ルーレットの結果は毎回赤と黒とで同じ確率であることを理解しているからこそ、このゲームに参加し、どちらに賭けようかと頭を悩ませているわけです。少しでもどちらかが出やすいのであれば、そちらだけに賭け続けるはずですから。

男は、9回連続で赤が出たという驚異的な状況から、次は黒になるのではないかと〝感じ〟たのです。

このように、いままでの結果を踏まえて「次はさすがに黒になる」と感じてしまうことは、心理学の世界でも認められており、このような心理バイアス（バイアスがかかるとは、先入観をもつ意味）を、「ギャンブラーの誤謬」と呼んでいます。

反対に「いままで赤なのだから次も赤だ」と考える場合もあります。どちらも確率を計算すると間違いということがわかりますし、計算せずとも赤と黒が出る確率は同じであることは頭では容易に理解できるのに、誤ったバイアスによって行動が左右されるのは感情をもった生き物である人間ならではのことでしょう。

「もう30年も毎年50枚ずつ宝くじを買っているのだから、そろそろ少しくらいいい等級

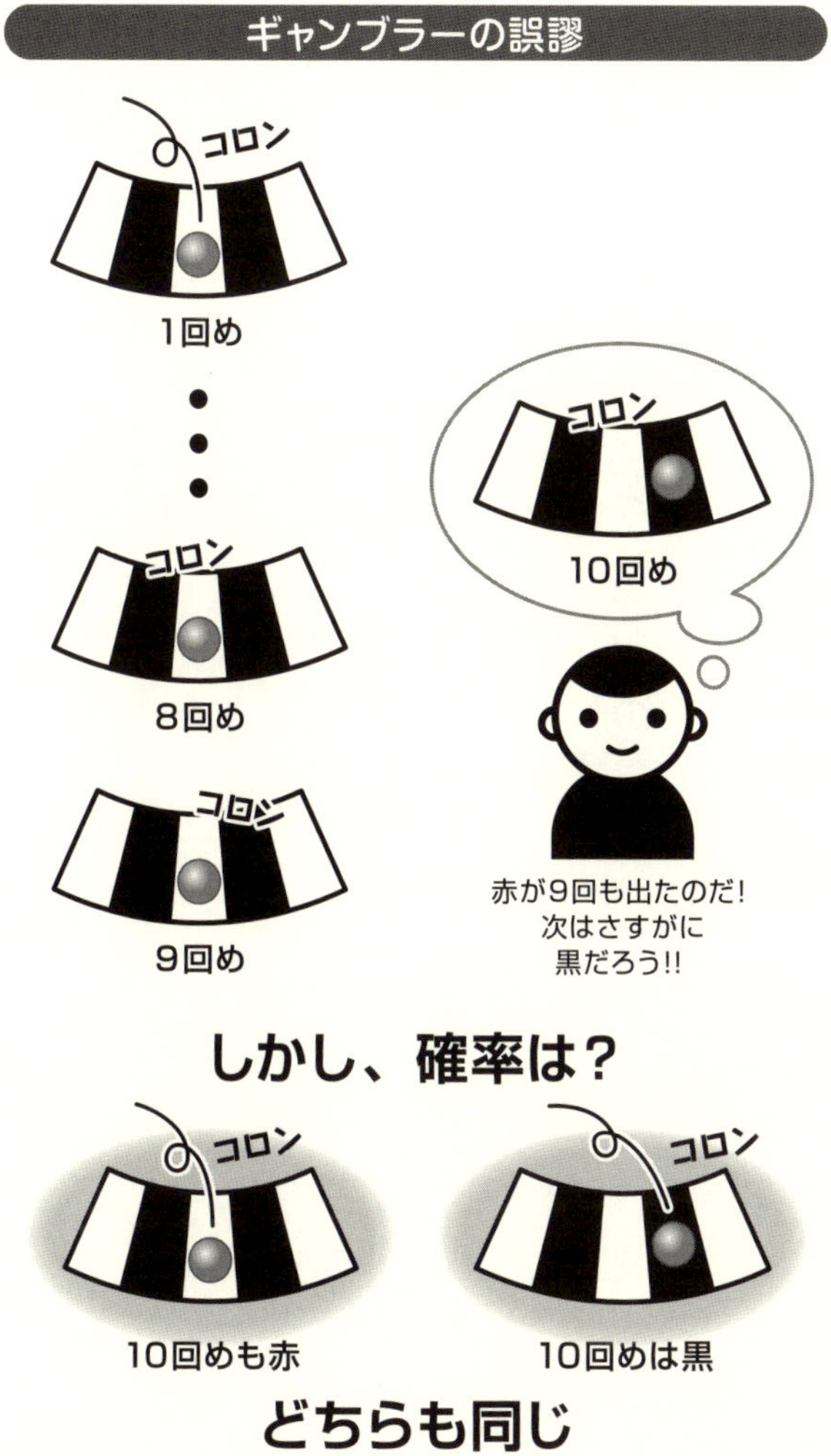
ギャンブラーの誤謬
コロン
1回め
コロン
8回め
コロン
9回め
コロン
10回め
赤が9回も出たのだ!
次はさすがに
黒だろう!!
しかし、確率は?
コロン
10回めも赤
コロン
10回めは黒
どちらも同じ

に当選してもいい頃だろう」

「じゃんけんに10回連続で負けた。さすがにそろそろ勝つだろう」

こういった計算上の数字とは矛盾する思考に陥ったことが一度もない人は、きっといないでしょう。計算上はわかっていても、そろそろ宝くじに当たると信じたいですし、じゃんけんは33％の確率で勝てるはずですから、そろそろ勝てると思うのも当然です。

しかし、「30年間大きな当たりがないから」「10回連続で負けているから」そろそろ勝つだろうと思うのは誤りです。1回1回確率は独立していますから、いままでの結果はなんら関係ないはずです。もっとも、じゃんけんで10回連続で負けたら、「わかりやすい出し方をしてしまっているのではないか」ということも疑うべきかもしれません。

計算上の確率にこだわりすぎるのも別のバイアス

このカジノが名の通ったカジノではなく、不正の可能性があるような怪しげなカジノであれば、調整されたルーレット台である可能性も否定できません。ルーレット台の故障も考えられなくはありません。

しかし、10回程度ではまだカジノを疑うほどの出来事ではなさそうです。とはいえ、可能性はゼロではありません。ここで、「『ギャンブラーの誤謬』になんかだまされない」と意識しすぎるのは、それもまた別の心理的バイアスです。その結果、不正や故障を見逃してしまったとしたら残念な話です。不正や故障の可能性もあるかもしれないという視点だけはもっておきたいところです。

人は同じ数やゾロ目などに運命を感じがち

もし、マイナンバーが「777777777777」だったとしたら、奇跡的過ぎると、何かの運命を感じるかもしれません（実際は同じ数が続いたり、連続した数字が並んだりする番号は、不正使用の恐れもあることから欠番になっているそうです）。

あるいはトランプの7並べで、配られたカードが「1」が4枚、「12」が4枚だったとしたら、これはすごいことだと自慢したくなるかもしれません。7並べの結果は見えていますが、なんだか勝った気分になってしまいそうです。

しかし、配られた8枚のカードが「1」が4枚、「12」が4枚だった場合と、「ハート2、スペード4、ダイヤ5、クローバー7、ダイヤ8、ダイヤ10、スペード10、ハート11」だった場合の確率はまったく同じです。ただ、見た目にはバラバラに感じますから、同じくらいの偶然が起こっているのに気がつかないだけなのです。

次の思考実験では、架空の病気とその発生確率から、数字と心理について考えてみたいと思います。

思考実験13

シコージ病とマサノリの憂鬱

住環境や食生活の変化からか、最近増えているといわれているシコージ病。発見者の名前からこう名づけられたこの病気の致死率は30％と高く、原因不明であることから、テレビでも特集が組まれ、注意が呼び掛けられています。

「10万人に1人といわれるシコージ病ですが、最近増えているそうです。最初は風邪のような症状なんですね」

情報番組の司会者が専門家に注意点を聞いているようです。

「はい。倦怠感や熱っぽさから始まります。人によっては症状が出にくい場合もあります。咳は伴いませんので、1つの判断材料になるかもしれませんね。もし、倦怠感や熱っぽさが1週間以上続くなら病院で検査を受けてみてください」

「どのような検査なのですか？」

「血液検査ですね。新たに開発された検査法で、シコージ病にかかっている場合は90％の確率で陽性反応が出るのです。いっぽうでこの病気でない人に陽性反応が出てしまう確率はわずかに0・5％です。かなりの精度といえるでしょう」

「皆さん、この病気は早期発見が重要です。ためらわずに医療機関を受診してください」

マサノリは、来月から3カ月間海外出張の予定があったので、とくに倦怠感はないものの、念のために検査を受けておくことにしました。そして5日後、マサノリは結果を聞くために検査をした病院に向かいました。

「うーん、陽性ですね……」

医師は難しい顔をしてマサノリにそう伝えました。

「えっ、私はシコージ病なのですか⁉　来月からタイに出張なのですが……」

「あといくつか検査をしましょう。それでシコージ病であるか、シコージ病ならばどのくらい進行しているかを調べます。では3日後の土曜日、午前中にいらしてください」

病院から家に向かう間、マサノリは「90％」という重い数字に肩を落としていました。

「自分は90％の確率でシコージ病なのだから、会社に伝えておいたほうがいいな。長い闘病生活になるかもしれない。自覚症状がないのだからきっと早期だよな。せめて早期だと信じるしかない」

マサノリの考えは正しいでしょうか。本当に90％の確率でシコージ病なのでしょうか。

「陽性反応が出たら90％シコージ病」なのか

「シコージ病にかかっている場合は90％の確率で陽性反応が出るのです」という専門家の話から、マサノリは、検査で陽性反応が出た自分は90％の確率でシコージ病だと考えました。

本当にそうでしょうか。

A　シコージ病の人が検査を受けると、90％の確率で陽性反応になる

B　検査を受け、陽性反応だった場合、90％の確率でシコージ病

このAとBは同じことを言っているのでしょうか。どうやら、マサノリは同じことと考えてしまったようです。

陽性反応が出てもかかっていない人が意外に多い

ここで気になるのは、「この病気でない人に陽性反応が出てしまう確率はわずかに0・5％です」という専門家の言葉です。つまり検査を受けた人のうち、陽性反応が出ても感染していない人が0・5％はいるということになります。

0・5％という数字はたしかに小さな数字ですし、専門家が「かなりの精度」と言いたくなるのも理解できます。しかし、母集団が大きければかなり多くの人数に対して誤った結果を出してしまうのも事実です。仮に検査を受けた人が100万人いるとすれば、そのうち約5000人はシコージ病にかかっていないにもかかわらず陽性反応が出てしまうという計算になります。

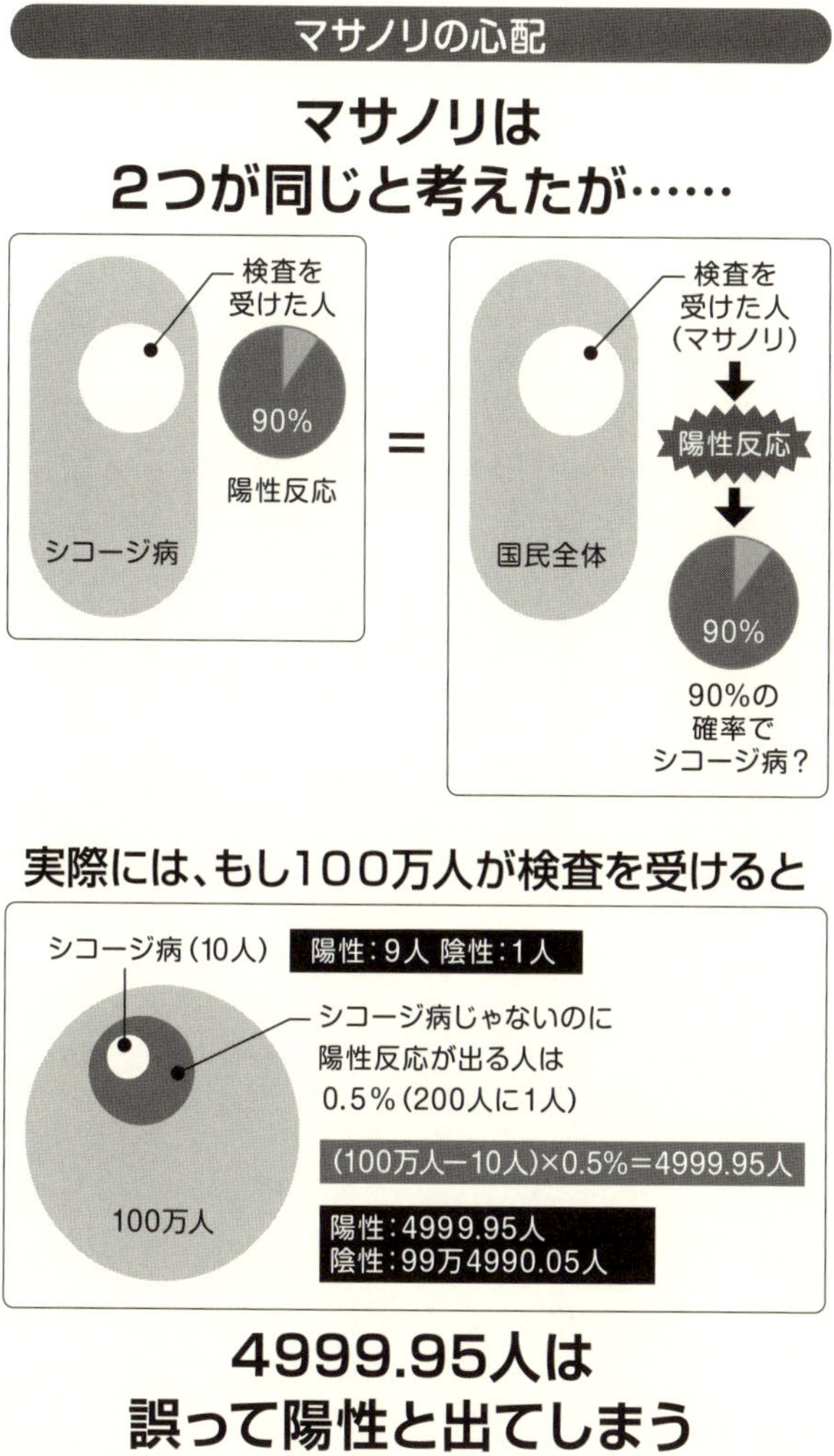
マサノリの心配
マサノリは
2つが同じと考えたが……
検査を
受けた人
90%
陽性反応
シコージ病
=
検査を
受けた人
(マサノリ)
陽性反応
国民全体
90%
90%の
確率で
シコージ病?
実際には、もし100万人が検査を受けると
シコージ病(10人)
陽性:9人 陰性:1人
シコージ病じゃないのに
陽性反応が出る人は
0.5%(200人に1人)
(100万人−10人)×0.5%=4999.95人
100万人
陽性:4999.95人
陰性:99万4990.05人
4999.95人は
誤って陽性と出てしまう

いっぽうシコージ病は10万人に1人、100万人に対しては10人の発病率です。つまり、100万人を検査したら、だいたい5000人ちょっとに陽性反応が出ますが、その中で実際にシコージ病なのはだいたい9人くらいであるということです。

このどちらに属する可能性が高いのか、その確率の差は大きなものです。わかりやすく図で表しながら計算すると、左ページのとおりになります。

検査で陽性反応が出たマサノリは、たしかにシコージ病かもしれません。しかし、100万人を検査したと仮定して確率どおりに計算すると、シコージ病にかかっていて検査で陽性反応が出る人は9人。いっぽう、シコージ病でないのに検査で陽性反応が出てしまう人は5000人近くも出てしまいます。

9人と約5000人のどちらにマサノリが属しているかを考えると、マサノリが会社に連絡したり、長い闘病生活を心配したりするのはもう少し後でもよさそうです。

マサノリがシコージ病である可能性は？

100万人が検査を受けると

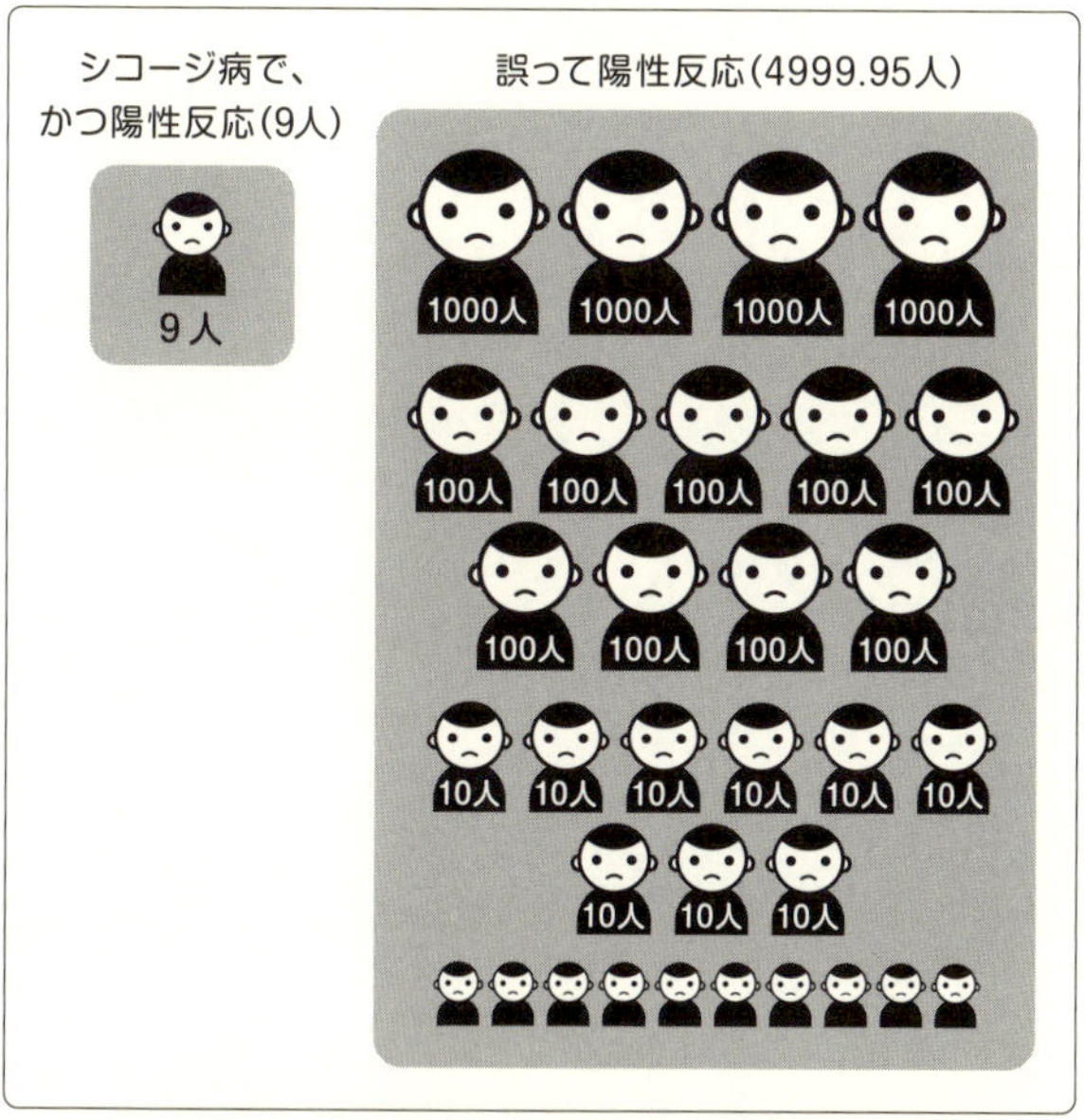

マサノリがどちらに属する可能性が高いかは一目瞭然

マサノリが実際にシコージ病である確率

$$\frac{\text{シコージ病でかつ陽性反応}}{\text{陽性反応}} = \frac{9\text{人}}{(4999.95\text{人}+9\text{人})} = 0.18\%$$

数字への苦手意識を捨てよう

思考実験12「ギャンブラーの誤謬」も、思考実験13「シコージ病とマサノリの憂鬱」も、数字を使った思考実験でした。

数字を見るとつい苦手意識が先行したり、拒否反応が出てしまったりする方もいるでしょう。

しかし、これらの思考実験からおわかりのように、直感やなんとなくのフィーリングにまかせて行動していると、数字に足元をすくわれてしまうことがけっこうあるものです。ビジネスの場面でも意外とありうるのではないでしょうか。

たとえばこんな例を考えてみましょう。

思考実験14

シンプソンのパラドックス

A社はロールケーキ専門店「ロルケ」と、ロールケーキを含めたケーキ全般を扱うお店「ロルケスイーツ」を京都府と兵庫県で展開しています。

【京都府のお店のロールケーキ販売本数】

ロルケ　1日平均216本　　ロルケスイーツ　1日平均85本

【兵庫県のお店のロールケーキ販売本数】

ロルケ　1日平均194本　　ロルケスイーツ　1日平均75本

京都府のほうが両方とも上回っています。しかし、ロルケとロルケスイーツを合わせて1店舗ごとの平均本数を計算すると、なぜか兵庫県のほうが上回りました。

こんなことはあり得るでしょうか。

平均値は上回っているのに合計すると逆転

「ロルケ」と「ロルケスイーツ」のように、Xグループの平均値とYグループの平均値は双方とも上回るのに、すべてを合わせてから平均値を求めると下回ってしまうという

この問題は「シンプソンのパラドックス」と呼ばれています。

たとえば、A校とB校の女子生徒と男子生徒のそれぞれの国語の点数の平均値を求め

ると、双方ともA校が上回っているのであれば、男女を合算して平均値を求めてもA校が上回るに決まっていると思いがちです。

しかし、これは統計の落とし穴です。男女を合算してA校が上回るとはかぎりません。たとえば、次のページのケースを計算してみてください。

男子生徒の平均点も、女子生徒の平均点もA校のほうが上であるにもかかわらず、男女を合わせて計算をするとB校が逆転します。

「ロルケ」と「ロルケスイーツ」についても同じように考えてみましょう。

店舗数が盲点

「ロルケ」でも、「ロルケスイーツ」でも平均本数が上回っているのですから、合算しても京都府のお店のほうが上回るとつい考えてしまいがちです。しかし、こんなパターンもあるはずです。

シンプソンのパラドックス

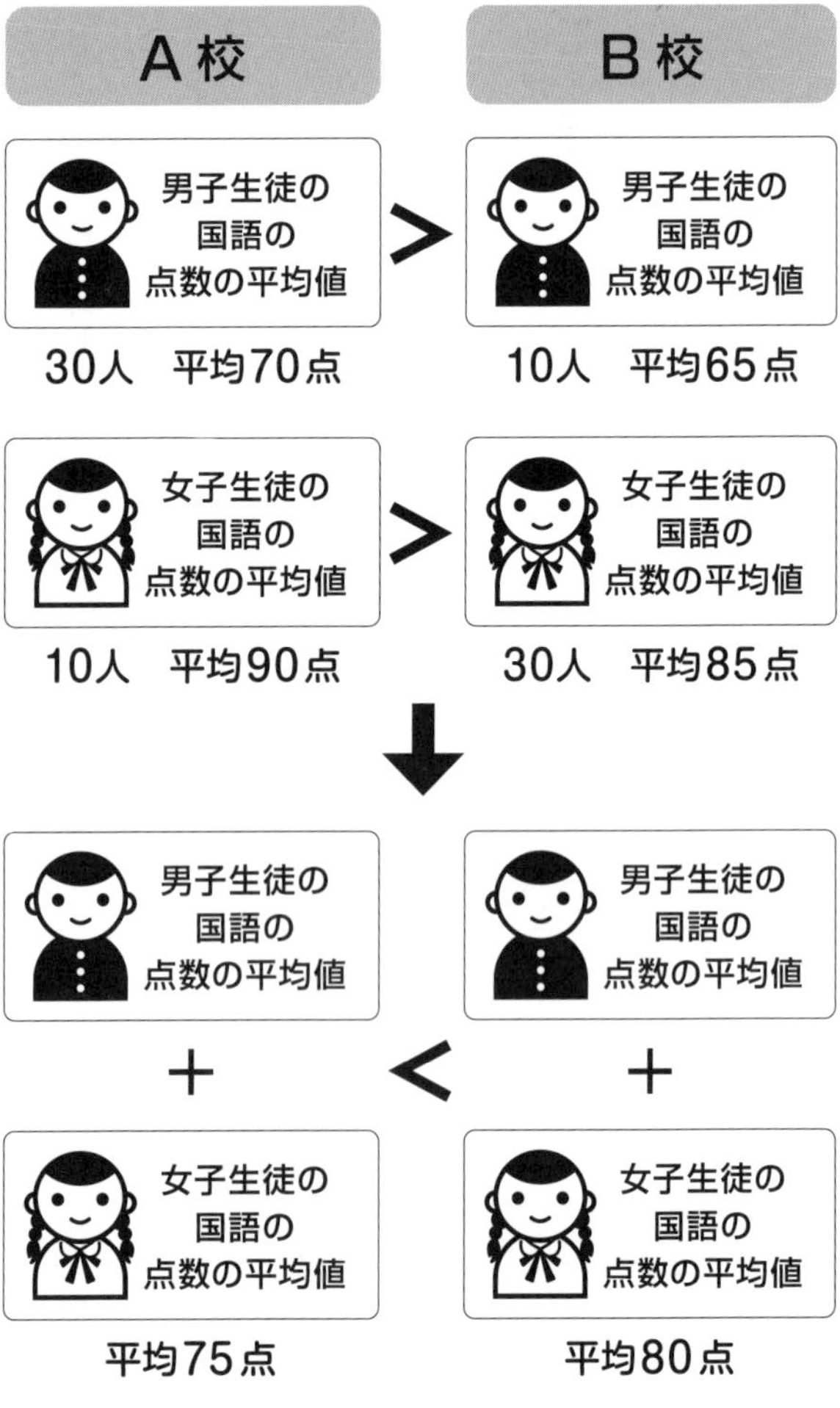
A校
B校
男子生徒の国語の点数の平均値
>
男子生徒の国語の点数の平均値
30人　平均70点
10人　平均65点
女子生徒の国語の点数の平均値
>
女子生徒の国語の点数の平均値
10人　平均90点
30人　平均85点
男子生徒の国語の点数の平均値
男子生徒の国語の点数の平均値
＋
<
＋
女子生徒の国語の点数の平均値
女子生徒の国語の点数の平均値
平均75点
平均80点

【京都府のお店のロールケーキ販売本数】
ロルケ（10店舗）1日平均216本　ロルケスイーツ（30店舗）1日平均85本

【兵庫府のお店のロールケーキ販売本数】
ロルケ（30店舗）1日平均194本　ロルケスイーツ（10店舗）1日平均75本

計算すると、京都府のお店は1店舗平均で117・75本、兵庫県のお店は164・25本となり、たしかに平均本数が逆転します。
「ロルケ」と「ロルケスイーツ」それぞれの〝店舗数〟という部分に視点を向けないと、いつまでもパラドックスから抜け出せないでしょう。

思考実験12「ギャンブラーの誤謬」は心理的なバイアスを取り除けるか、思考実験13「シコージ病とマサノリの憂鬱」は、その数字が何を表している数なのかを正しく把握

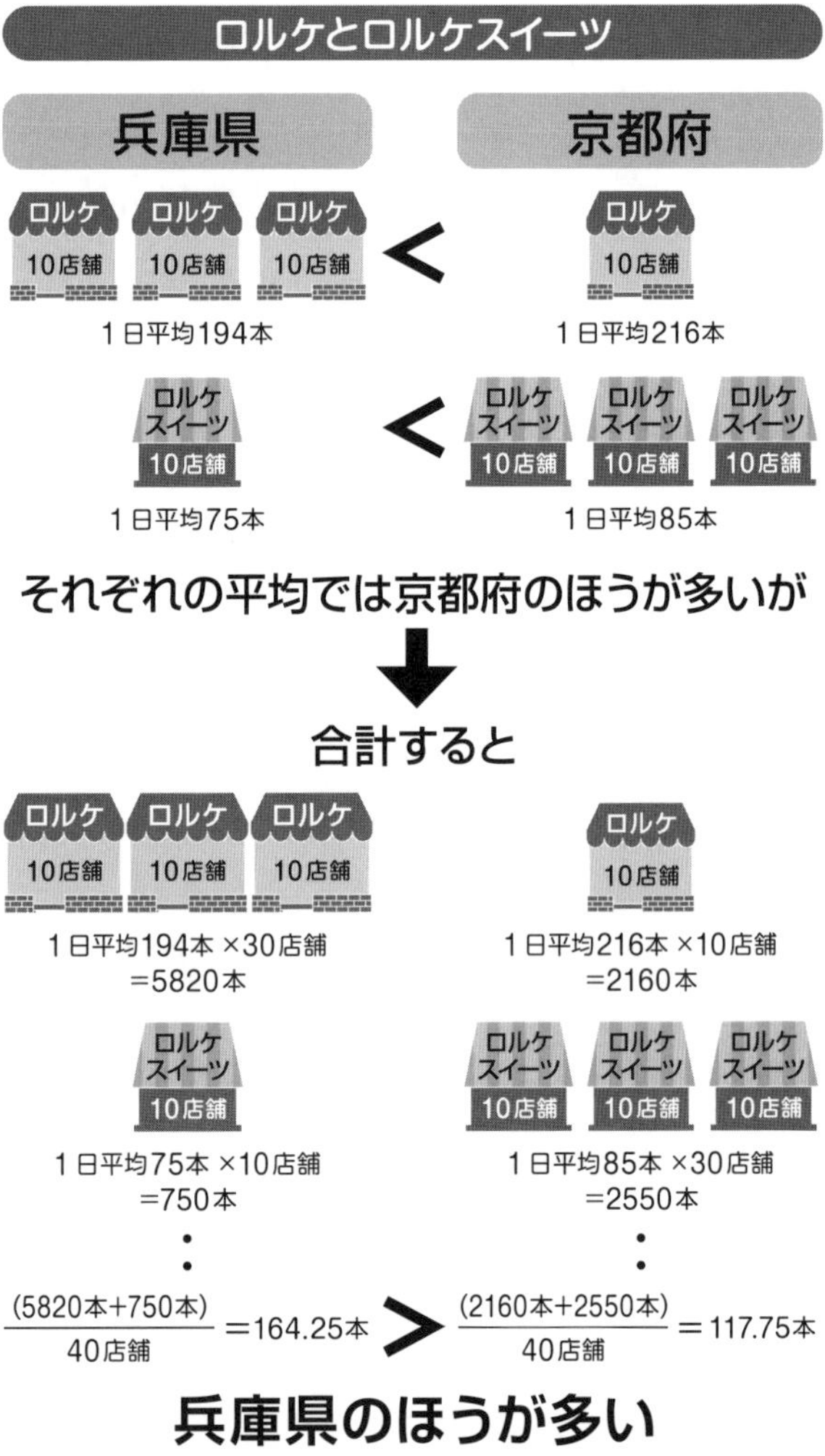
ロルケとロルケスイーツ
兵庫県
京都府
ロルケ 10店舗
ロルケ 10店舗
ロルケ 10店舗
<
ロルケ 10店舗
1日平均194本
1日平均216本
ロルケスイーツ 10店舗
<
ロルケスイーツ 10店舗
ロルケスイーツ 10店舗
ロルケスイーツ 10店舗
1日平均75本
1日平均85本
それぞれの平均では京都府のほうが多いが
合計すると
ロルケ 10店舗
ロルケ 10店舗
ロルケ 10店舗
ロルケ 10店舗
1日平均194本 ×30店舗
=5820本
1日平均216本 ×10店舗
=2160本
ロルケスイーツ 10店舗
ロルケスイーツ 10店舗
ロルケスイーツ 10店舗
ロルケスイーツ 10店舗
1日平均75本 ×10店舗
=750本
1日平均85本 ×30店舗
=2550本
(5820本+750本) / 40店舗 =164.25本
>
(2160本+2550本) / 40店舗 =117.75本
兵庫県のほうが多い

できるか、思考実験14「シンプソンのパラドックス」は、それぞれの母集団の数という1つの要素を省いて考えてしまうという思考の落とし穴から抜け出せるかがカギとなる思考実験でした。

少し頭が疲れる問題が続いたかもしれませんね。しかし、数字から逃げていると数字に足をすくわれます。「苦手だな」と思っても、「待てよ」と踏みとどまるクセをつけていきたいものです。

第5章

囚人のジレンマ

――論理的思考の限界に気づくレッスン

思考実験15

囚人のジレンマ

「2人の囚人は共犯だ」

検事たちはある事件を捜査していて、すでに身柄を拘束している被疑者の囚人Aと囚人Bが共に犯罪を行なったことは決定的だろうと考えました。そこで、2人の囚人に司法取引をもちかけることにしました。

取調室に呼び出された囚人Aは、事件について聞かれますが、無関係を装っています。

「いま、囚人Bも同様に別室で取り調べを受けている。もし、お前が自白するなら、すぐにお前を釈放してやろう。そして、Bは懲役8年だ。

ただし、囚人Bも自白した場合、お前もBも懲役5年になる。

次にお前が黙っていた場合だ。もし、お前が黙っていて、囚人Ｂのほうが自白したらＢは釈放、お前は懲役8年となる。

ただし、囚人Ｂも黙っていたならば、２人とも懲役2年で済むことになる。さあどうする？」


別室にいる囚人Ｂも同様の司法取引をもちかけられています。この２人はとても論理的に考える性分で、自分に一番得になるよう頭をひねり、答えを出します。

さて、２人はどのように考えたでしょうか。

「共に黙秘」が最適解のはず

まず、情報を整理しましょう。

●囚人Aと囚人Bが共に自白　2人とも懲役5年
●囚人Aと囚人Bが共に黙秘　2人とも懲役2年
●囚人Aのみが自白　囚人Aは司法取引により釈放され、囚人Bは懲役8年
●囚人Bのみが自白　囚人Bは司法取引により釈放され、囚人Aは懲役8年

囚人たちは、自分がもっとも軽い刑で済むように、論理的に考えます。

●釈放
●懲役2年
●懲役5年
●懲役8年

この4つの中で、囚人たちがもっとも望むのは「釈放」です。釈放されるためにはど

囚人のジレンマ

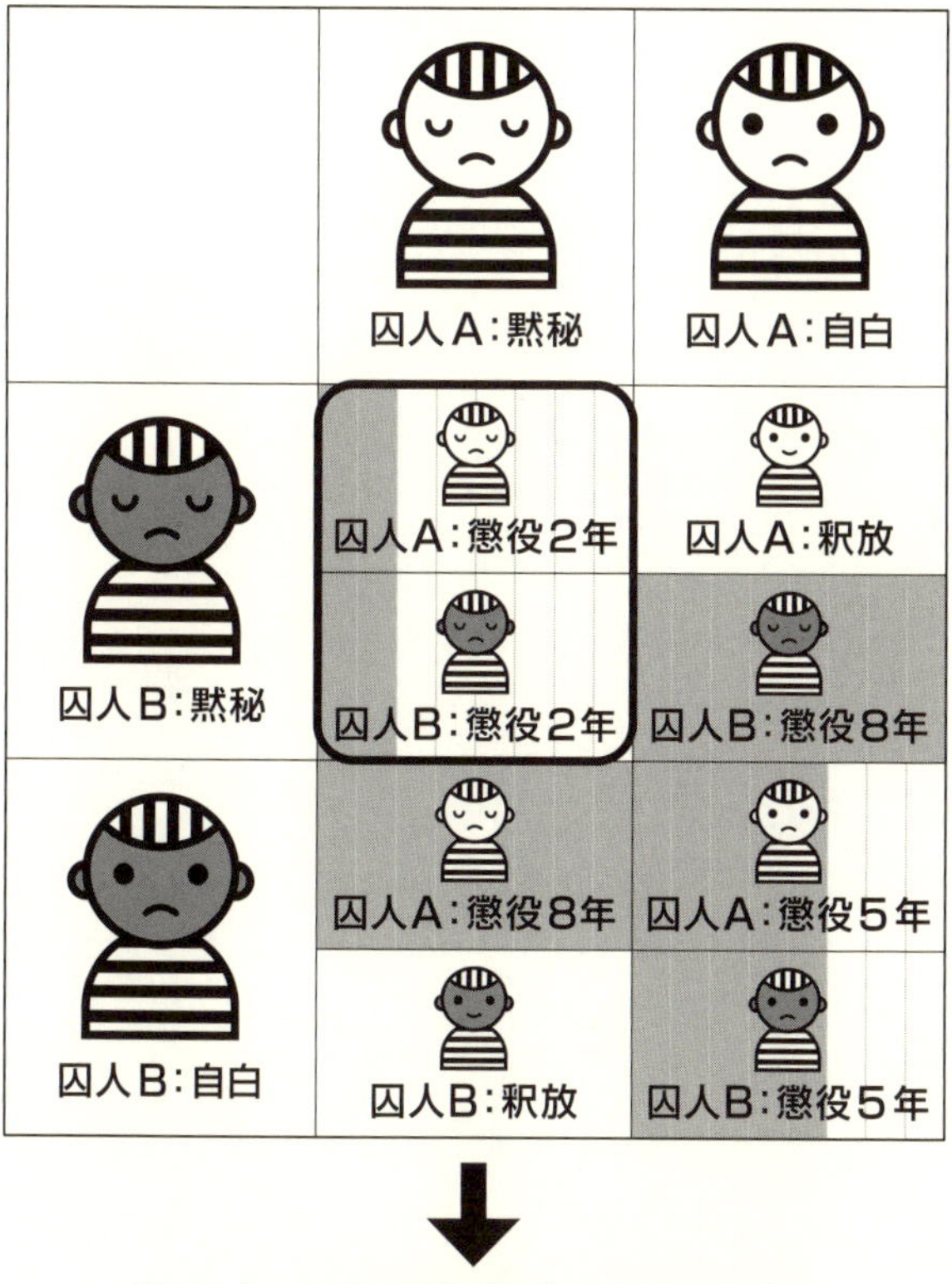

「2人とも黙秘」が最適解
なのだが……

うすればいいのでしょうか。

条件を見ると「自分が自白して、相手は黙秘する」というパターンです。つまり、囚人Aは自白すればいいのでしょうか。たしかに、うまく囚人Bが黙秘してくれれば、思惑どおり自分は釈放されます。

ただし、囚人Bも同じように論理的に考えているわけですから、そうそううまくいかないのはすぐにわかるでしょう。


次に刑が軽いのは「懲役2年」です。これは、「2人とも黙秘」の場合です。2人の刑を合計しても懲役4年ですから、2人を合わせて考えればもっとも軽い刑となります。

2人がもし、話し合って決めるのだとしたら、どう考えてもこれを選択するでしょう。つまり、これが最適解なのです。

しかし、この場では話し合うことはできません。話し合うことができない状態で、相手を信じて黙秘するのは、あまりにリスクが高いでしょう。なぜなら、囚人Aはこう考えるはずです。

「2人にとって一番いいのは2人とも黙秘だ。囚人Bもそう思っているはずだから、まずは黙秘を考えるだろう。だから、私も黙秘を選択したい。いや、待てよ。もし囚人Bが同じように考えて黙秘したとしよう。そこで自分が自白すれば、自分は釈放だ！　つまり、自分は自白するべきだ！」

さて、また、「自白する」という答えが導き出されました。黙秘という選択肢はないのでしょうか。

今度は、囚人Aが黙秘することにこだわったパターンを考えてみましょう。

囚人Aはどうにか黙秘しようと考えます。しかし、どうしても、こんな思考になってしまいます。

「よし、黙秘しよう。そうすれば双方懲役2年というもっとも軽い刑になるわけだ。それが2人にとってもっともいい。

……しかし、待てよ、もし、万が一にであっても、囚人Bが自白を選んでしまった場合、どうなる？　奴は釈放だ。せいせいするだろう。なのに俺はどうだ。懲役8年というもっとも重い刑に処されるのだ！

これはどう考えても受け入れられない。絶対に、それだけは避けなければいけない。俺は懲役8年を言い渡されるようなことはしていない。つまり、絶対に黙秘するわけにはいかないのだ」

今度は「黙秘はできない」という結論が導き出されました。これはつまり「自白する」ということです。

論理的に考えても最適解にたどりつけない

結局、囚人Aはどの角度から考えても「自白する」を選択することになりました。なぜ、このような結果になったのでしょうか。ここで、もう一度、囚人Aと囚人Bの関係を示した図を見ながら考えてみたいと思います。

まず、囚人Bが黙秘した場合を考えます。その場合、囚人Aは「黙秘」を選べば懲役

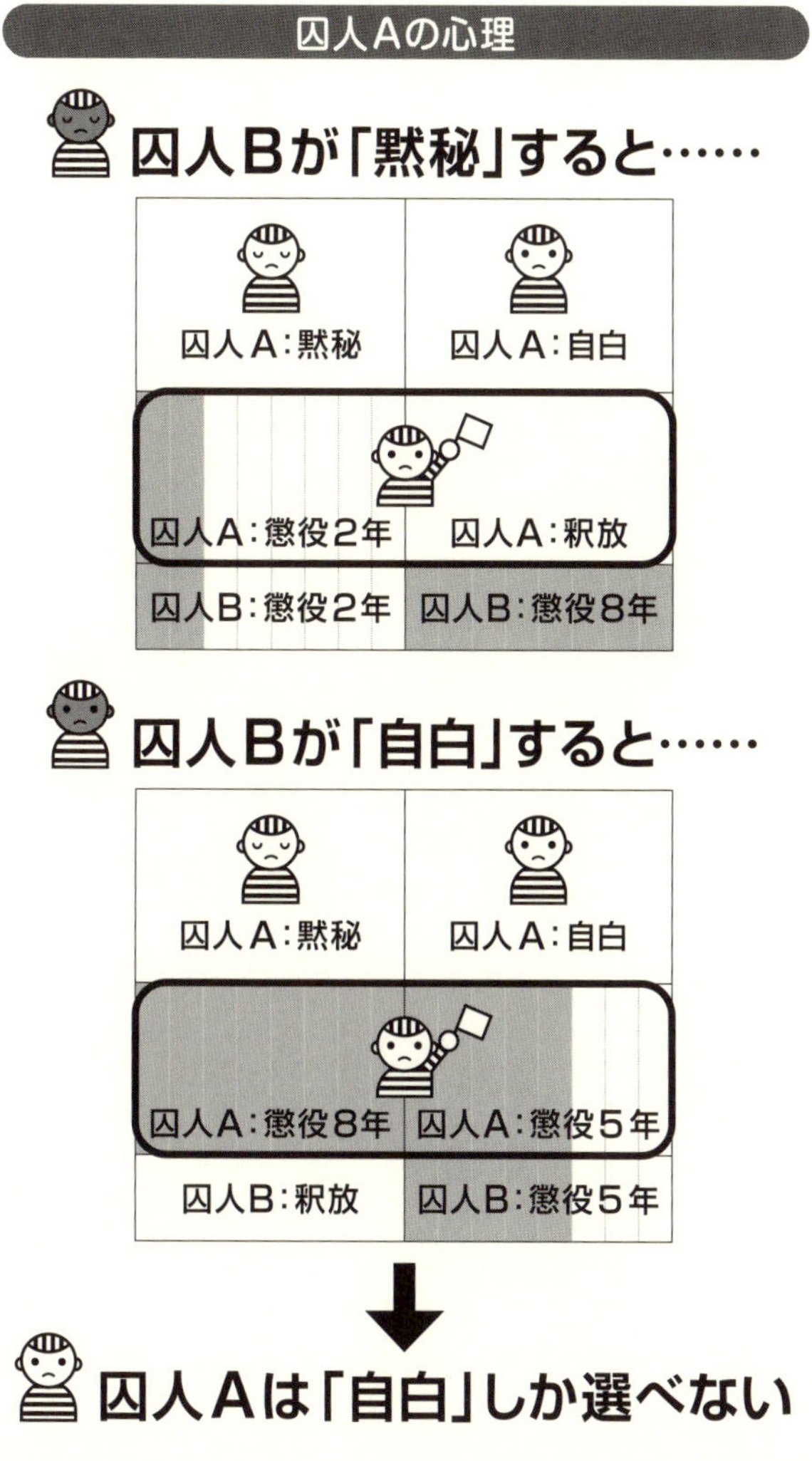
囚人Aの心理
囚人Bが「黙秘」すると……
囚人A：黙秘
囚人A：自白
囚人A：懲役2年
囚人A：釈放
囚人B：懲役2年
囚人B：懲役8年
囚人Bが「自白」すると……
囚人A：黙秘
囚人A：自白
囚人A：懲役8年
囚人A：懲役5年
囚人B：釈放
囚人B：懲役5年
囚人Aは「自白」しか選べない

2年、「自白」を選べば釈放となります。囚人たちは自分にとってもっとも有利な選択肢を選びますので、当然、囚人Aは自白するべきとなります。

次に、囚人Bが自白した場合を考えます。もし、囚人Aが「黙秘」を決めたなら、囚人Aは最長の懲役8年となります。「自白」を選択した場合は懲役5年となります。つまり、囚人Bが自白した場合は、囚人Aも自白をしなければいけません。

こう考えていくと、論理的に考えて自分にもっとも有利な選択肢を模索した結果、2人とも自白を選ぶことになります。論理的に考えても、もっともよい結果である「2人とも黙秘」を導き出せないのですから、悩ましいものです。

これが「囚人のジレンマ」と呼ばれる所以《ゆえん》なのです。

価格競争もジレンマに陥りやすい

「囚人のジレンマ」のようなジレンマは、ビジネスシーンでもしばしば見受けられるでしょう。

たとえば、A社とB社が似たような製品を同時に開発していたとします。お互いにそれに気がついた頃には、製品開発にかけた期間も費用も大きなものになっていました。しかし、需要の面を考えると、双方が参入する規模はありません。つまり、A社とB社双方が参入すると、２社とも赤字になる可能性が高いのです。

A社の社員の心のうちを、「囚人のジレンマ」にならって整理してみたのが１３５ページの表です。

A社の社員は考えます。

「もし、我々が発売を見送れば、B社の１人勝ちになる。それは避けたい。だからと言って２社が争って利益の出る市場ではない。そうなると、B社が発売しないで我々にまかせてもらうのが一番だ。しかし、相手もそう考えているだろう」

こうなると、双方とも、自社の製品のほうが優れていることを信じて市場に投入するという結論を出す可能性が高いでしょう。それとも「共同でやりましょう」という話になるのかもしれません。

価格競争も、同業者を悩ませる重要な課題です。たとえばこんなケースも考えられるでしょう。

A社とB社が同じようなサービスを始めようとしていて、両者の設定したい価格は2000円。もし、1000円になれば利益は確保できません。ライバルの動向が気になりますが、いったいいくらに設定すればよいのでしょうか。

A社がもし2000円に設定をすれば、おそらくB社に負けてしまうでしょう。しかし、だからといって1000円に近い価格にしたならば、利益が出ず苦しいだけです。そして、A社とB社の探り合いの結果、ほぼ同額に落ち着くのではないでしょうか。

携帯電話の利用料金を比較していると、ほぼ横一線で、なかなか価格が下がらない時期があります。これは、どこかが値を下げると他社も下げてきて、また横一線で並ぶだ

商品開発のジレンマ

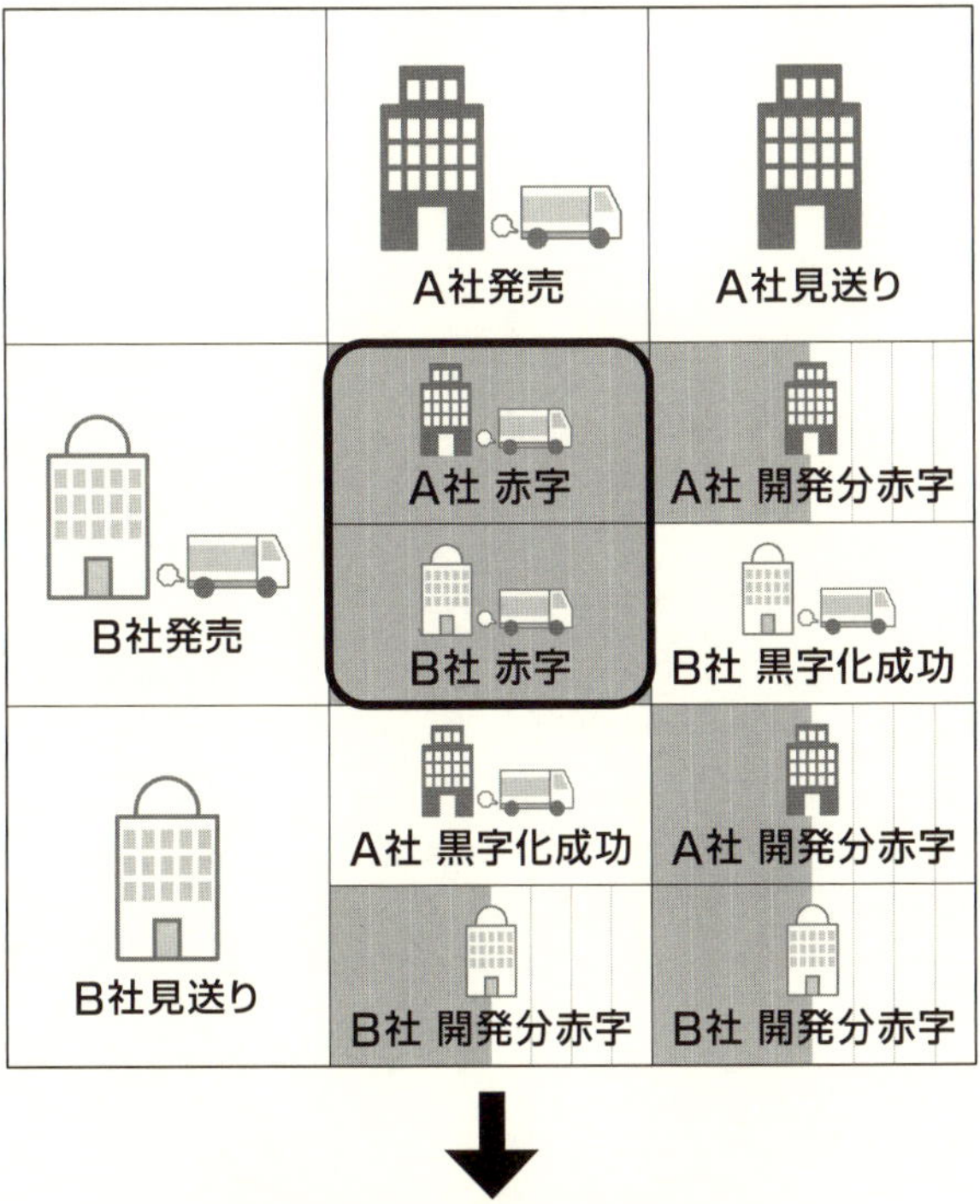

両者とも参入すると
両社とも赤字になってしまう
このジレンマから抜け出すには
共同開発の道を
探るしかないのだが……

けとわかっているため、どの会社も値下げをしないということなのでは、と筆者は見ています。

また、価格競争というと牛丼チェーンを思い浮かべる方も多いでしょう。

牛丼は価格競争で驚くほど安価になりました。これを、最初の頃こそみんな喜んでいましたが、競争が激化し、300円を切るほどまでになった頃には、「価格より味を」「価格より質を」という声もだんだんと大きくなってきました。

価格を下げると利益が出ず苦しい、しかし下げないと客を奪われてしまうから下げる、という風潮が強くなりすぎると、消費者側の不安も大きくなるようです。

社会には「囚人のジレンマ」を思わせる状態が多々存在し、それが経営の判断をいっそう難しいものにします。そんなとき、論理的に考えることはもちろん大切ですが、そのうえで、「囚人のジレンマ」のように「論理的に考え抜いても最適解にたどり着けない場合もある」ということを知っておくと、柔軟な判断ができるはずです。

ここでもう1つ、ビジネスに関わるジレンマをご紹介します。

アメリカの生物学者であるギャレット・ハーディンは、1968年の論文で「コモンズの悲劇」を発表しました。「コモンズ」とは共有地の意味です。

思考実験16

コモンズの悲劇

ある村では住民のほとんどが漁業に従事しています。この村は最近徐々に人が増えており、活気に満ち、発展の兆しがありました。しかし、村長は浮かない顔をしています。

「どうしたんですか。村長」

村人の1人が、難しい顔で漁船を見つめる村長に話しかけました。

「去年より漁船が増えているな」

「そうですね！　この村がいい村という証拠ですよ。人が集まっているのです」

「去年のいま頃も同じような会話をした。この村は年々漁船が増えている」

別の村人はこんな話をしました。

「最近、魚も貝も海藻も取り合いですからね。私のところなんて、チームで漁船の数を増やして対応しているんですよ。今年もまた2隻増やす予定です」

村長はこんなことを考えていました。

「資源はかぎられている。

だから、みんなで協力して枯渇させないようにしなければいけないのに、こうして取り合いになってしまう。自分が取らない分はほかの人に取られてしまうのだから、自粛するわけがない……。

しかし、このままではそのうち資源が枯渇して、みんなが困ることになる。だからといって他人に取られるくらいならと、自分で取ってしまう……」

村長の悩みはどのようにすれば解決できるでしょうか。

誰もが自由に使える共有地があった場合、この村のような状況が起こりえるでしょう。「コモンズ（共有地）の悲劇」です。

資源が減れば誰もが困るのに、たとえそれがわかっていたとしてもやめられません。自分だけが乱獲をやめても、その分はほかの人に取られてしまいますから、意味はないのです。

「自分さえよければ」では行きづまる

ギャレット・ハーディンは、共有地である牧草地にそれぞれの牛飼いが牛を放牧した場合を例として解説しました。

たとえばAさんが牛を1頭、共有の牧草地に放つ場合、それによって得られる利益はAさんだけのものです。しかし、Aさんが放った牛が食べる草は、共有の牧草地を利用する全員の財産と考えられます。つまり、全員の財産を使って、自分だけが得をする行為と言えます。

この行為が制限なく許されるのであれば、「もっともたくさんの牛を入れた人＝もっとも得をする」という方程式が成り立ち、全員の財産である牧草の取り合いになってしまうことが容易に想像できます。

これを抑えるためには、皆が守るべきルールが必要だと考えられます。

たとえば、ヤマトシジミの産地として有名な島根県の宍道湖《しんじこ》は、1973年から、漁業者の話し合いによって、1日の採捕量や操業時間、操業場所を制限することでシジミ漁を守ってきました。こうすることで、次の世代へと資源と仕事を引き継いでいるわけです。

人間はみずからの欲望だけで突き進むことなく、周囲との共存を模索しようという思考を備えています。「コモンズの悲劇」を回避するのは、そんな人々の知恵とコミュニケーションによるものなのでしょう。

第6章

ビュリダンのロバ

――決断の大切さを知るレッスン

思考実験17

ビュリダンのロバ

1匹のロバがいます。ロバはお腹を空かせており、干草を求めています。ロバの目の前で道は2股に分かれており、それぞれの道の途中に、干草が置いてあります。片方の干草を干草A、もう片方を干草Bとします。

ロバから干草Aと干草Bまでの距離はそれぞれ等しく、道も平坦です。2つの干草の量も質もまったく同じです。ロバから見て、干草Aと干草Bの魅力はちょうど同じだったのです。

結局、ロバはどちらの干草を食べるか選ぶことができず、立ち尽くしてしまいました。そして、餓死するまで動くことはありませんでした。

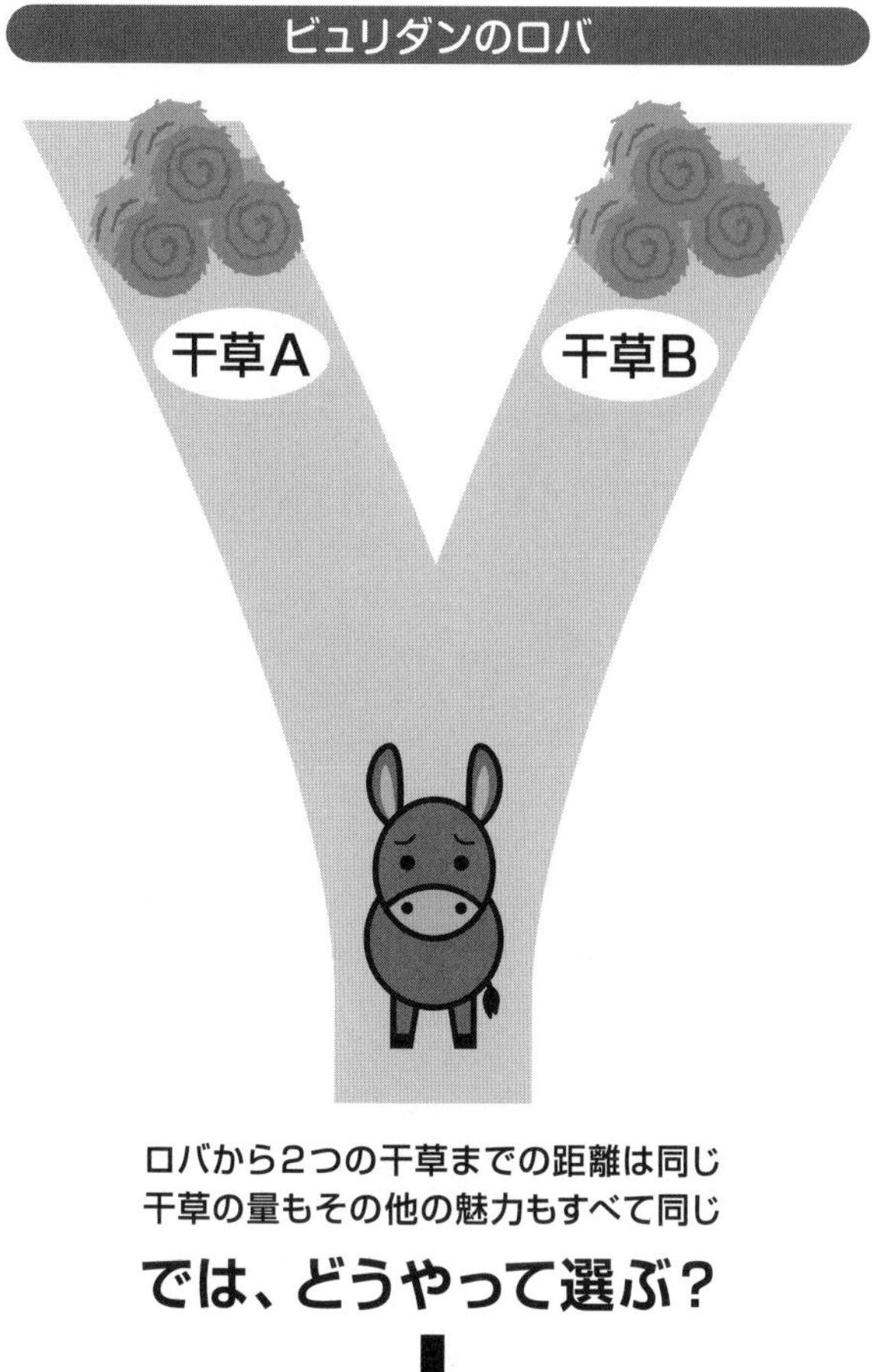
ビュリダンのロバ
干草A
干草B
ロバから2つの干草までの距離は同じ
干草の量もその他の魅力もすべて同じ
では、どうやって選ぶ？
違いがないと選べない

なぜ、ロバはまったく選ぶことができなかったのでしょうか。

これは思考実験「ビュリダンのロバ」の設定ですので、「実際のロバはどちらも食べる」とか、「ロバが餓死するとするのは無理がある」という当然の感情はそっとおいて、なぜ、ロバはまったく選ぶことができなかったのかを考えてみてください。

選ぶ理由があれば迷わない

なぜ、ロバは干草Aと干草Bから1つを選ぶことができず餓死してしまったのでしょうか。当然ながら、ロバはお腹を空かせていますから、干草を食べたいはずです。2つの干草のうち、1つを選択できれば命は助かりました。

さて、私たちは何かを選ぶとき、どうやって選んでいるでしょうか。別の例で考えてみましょう。仮にサヤカさんという女性が喉の渇きを潤すために、飲み物を求めているとします。

サヤカさんの頭に最初に浮かんだのは喫茶店でした。しかし、あいにく喫茶店でティータイムを過ごす時間はありません。

次にスーパーでペットボトルの飲料を安く購入する方法を考えましたが、近くにスーパーがなく、歩いて10分以上かかりそうです。

コンビニエンスストアは近くにありますが、スイーツやレジ横の商品に手が伸びそうなので自粛したいところです。

ふと自動販売機が頭に浮かび、あたりを見回すと、30秒も歩けばたどり着ける位置に自動販売機がありました。サヤカさんは、「仕方がないからそこの自動販売機で買おう」と、自動販売機の前に立ちました。

ここまでにもいくつかの選択がありました。

●喫茶店に行くか行かないか
●スーパーに行くか行かないか
●コンビニに行くか行かないか

しかし、干草を前にしたロバのように選択できない状態にはならず、サヤカさんは容易に思考を進めました。それは、選ぶ理由が明確にあったからです。どちらかというと、選ぶというよりも選ばされるという内容だったので、迷うこともありません。ごく簡単な消去法です。「ビュリダンのロバ」のロバでも、このような状況なら選ぶことができたでしょう。

“選択”とは脳のエネルギーを使う仕事

さて、続きがあります。
自動販売機にはたくさんの種類の飲料が並んでいます。サヤカさんがいつも飲んでい

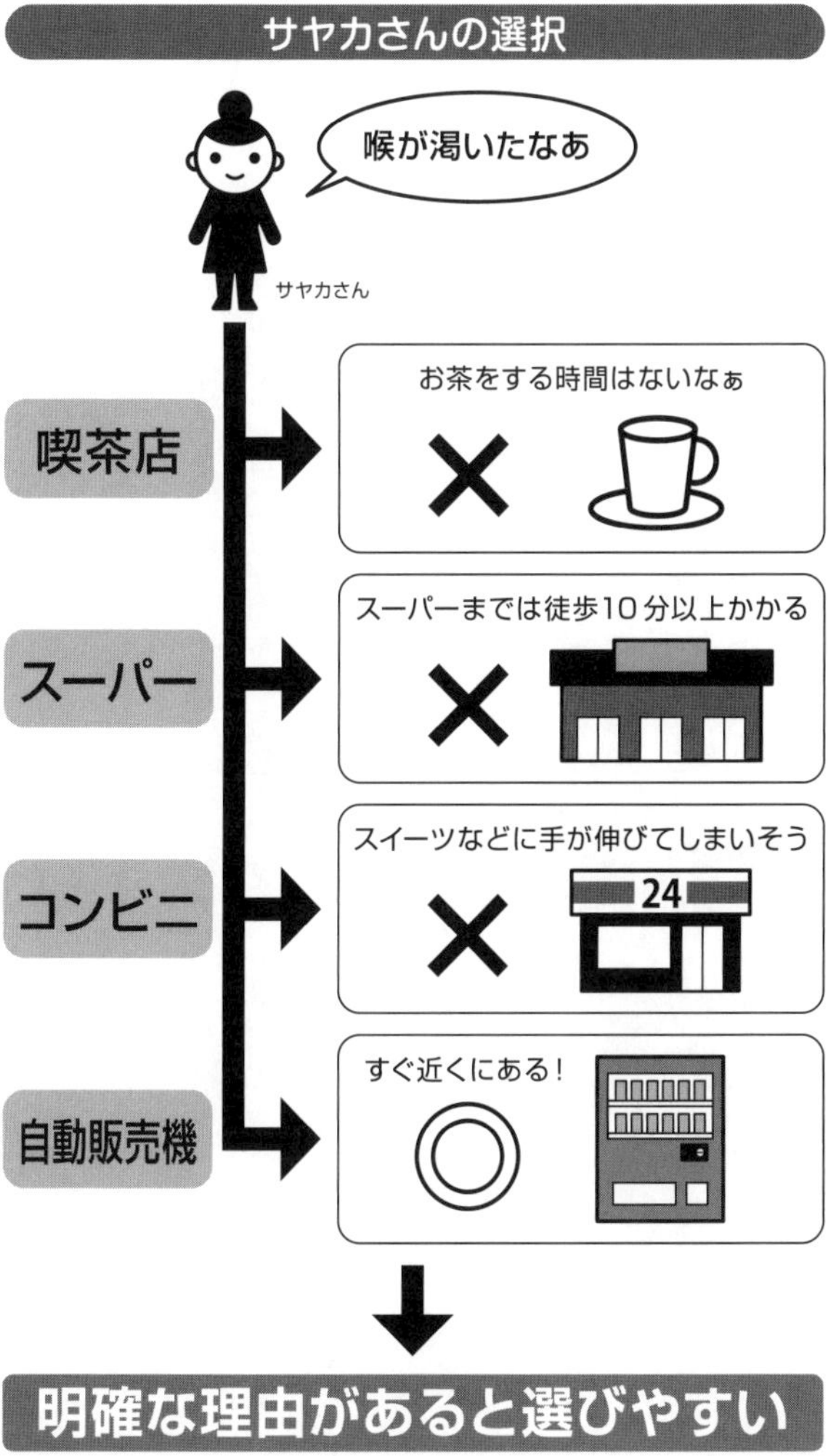
サヤカさんの選択
喉が渇いたなあ
サヤカさん
喫茶店
お茶をする時間はないなぁ
×
スーパー
スーパーまでは徒歩10分以上かかる
×
コンビニ
スイーツなどに手が伸びてしまいそう
×
24
自動販売機
すぐ近くにある！
○
明確な理由があると選びやすい

るAメーカーのミルクティーも並んでいました。サヤカさんはこんな選択肢を脳裏に浮かべました。

A　いつものAメーカーのミルクティーにする
B　普段あまり利用しない自動販売機なのだから、見たことのない飲料を買ってみる
C　喉を潤すにはミルクより水のほうがいいと聞いたから、ミネラルウォーターにする
D　安価に設定されている「？」で運試し

30秒ほど考え、結局サヤカさんはBを選択し、とある炭酸飲料を購入しました。ちょっとした楽しみを味わったようです。日常でよくあるタイプの選択ですね。

Aの「いつものAメーカーのミルクティーにする」は、もっとも抵抗のない選択肢です。味はわかっていますからまずくて失敗する危険はありません。何より〝考えて選ぶ〟手間が省けます。楽な選択肢ということですね。

自動販売機にかぎらず、いろんな選択をする中で、選ぶのも面倒だと思った経験はありませんか。

「夕食は何を食べたい?」に対する「別に何でもいいよ」も、面倒な選択を放棄して楽なほうを選んだ結果でしょう。なぜなら、「夕食は何を食べたい?」の答えはまったくの自由ではありません。

「フォアグラ」と答えても家にないだろうし「高い」と言われるし、煮物をいまから作るのも間に合わないだろうし、質問した人は作る予定なのだから、我が家では店で買ってくるものである「ハンバーガー」とも答えられないし、「ミネストローネ」なんて言おうものなら「作り方を知らない」と言われそうだし……。

こんなふうにさまざまな制約を受けます。その中で自分がいま食べたいものを探し、相手の手間や価格を考えながら選択するわけです。

そんなに普段深く考えてはいないと思うかもしれません。

実際はあらかじめいくつかの選択を済ませているからこそ素早く選べるのです。なぜ

「フォアグラ」と答えないばかりか、そもそも選択肢として思い浮かべもしないのか。「フォアグラ」に対する答えはすでに決定し、自分の中で処理が済んでいるので、わざわざ意識して考える必要がないのです。

〝選択〟とは脳のエネルギーを使う仕事ですから、日々多くの選択を迫られる私たちは、「あらかじめある程度設定しておく」ことを無意識に行ない、選択の効率を上げています。

〝選ぶ〟行為は脳のエネルギーを多く消費するので、もし、サヤカさんが疲労していたとしたら、自動販売機ではAを選ぶ可能性が圧倒的に高くなるでしょう。疲れているときは判断力が低下し、選ぶことにストレスを感じやすくなります。

「どっちでもいい」場合、どう決めるか

〝選ぶ〟ことについて考えてきましたが、ここまでは、ビュリダンのロバも選択できるはずです。ロバだって、水を選べたでしょうし、「夕食は何を食べたい?」にも、「干草」と答えられたでしょう。ロバが選択できない状態に陥ったのは、自動販売機であれ

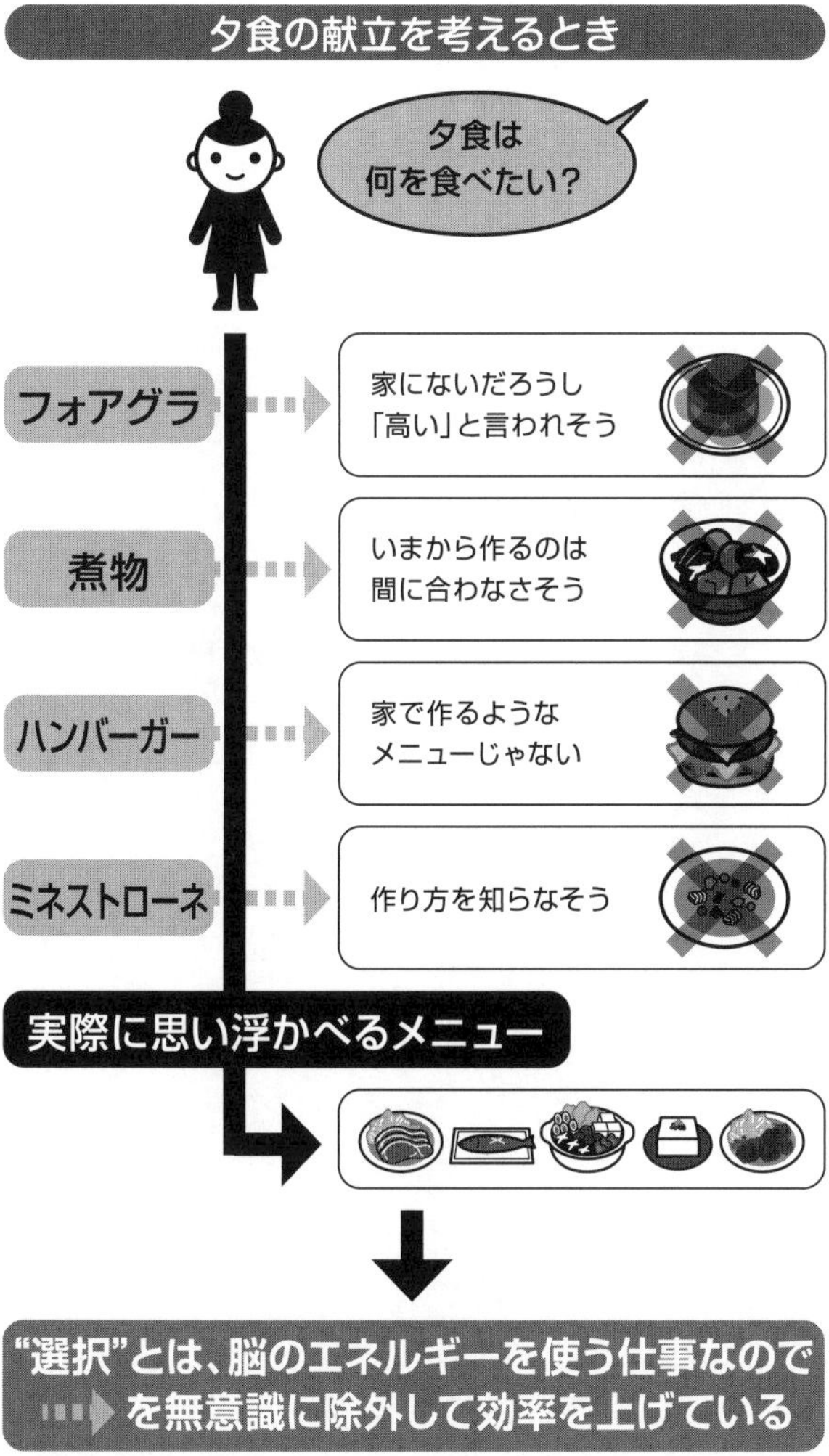
夕食の献立を考えるとき
夕食は
何を食べたい?
フォアグラ
家にないだろうし
「高い」と言われそう
煮物
いまから作るのは
間に合わなさそう
ハンバーガー
家で作るような
メニューじゃない
ミネストローネ
作り方を知らなそう
実際に思い浮かべるメニュー
“選択”とは、脳のエネルギーを使う仕事なので
を無意識に除外して効率を上げている

ばこんな状況でしょう。

サヤカさんが自動販売機を見ると、すべて同じ種類のミネラルウォーターでした。どうやらそのミネラルウォーター専用の自動販売機のようです。

サヤカさんは選ぶ必要すらないことを悟り、さっさと適当な1つのボタンを押して、ミネラルウォーターを手にしました。

これを「ビュリダンのロバ」のロバにさせようとすると、ロバはいつまでも選ぶことができずに死んでしまうことになるでしょう。どのミネラルウォーターも同じ魅力ですから、干草と同じ結果になるはずです。

この場合のサヤカさんとロバの違いは何なのでしょうか。

サヤカさんは「選ぶ必要がない」と理解したため、選ぶことなくボタンを押したはずです。

それなら、ロバだって選ばなくてもよかったはずです。どうせどちらの干草も同じだったのですから。しかし、ロバは選ぶことができませんでした。

選ぶ必要がないのに選べないとはどういう状況でしょうか。

選ぶ必要がないとき、私たちは「どっちでもいいから、じゃ、こっち」と、適当に選択することができます。

先ほど、サヤカさんが「選ぶことなくボタンを押した」と書きましたが、正確には少し違います。

サヤカさんは、「どのミネラルウォーターにするか」を選ぶことはありませんでしたが、「どのボタンを押すか」は選んでいます。「どれでも一緒だから近いボタン」とか、「じゃあ、一番左の上のほう」とか、たとえどんなに選んでいないつもりでも、心のどこかで押すボタンを決めています。そうでないと体はボタンを押しにいけません。

いっぽう、ロバにはこの「なんでもいいから、じゃあ、これ」ができないのです。「Aがいいから A」「Bがいいから B」であれば選べるのですが、同じ魅力だった場合、自分で選べなくなってしまいます。まったく同じ距離にある同じ干草を比べて、同じだから「どっちでもいいや、じゃ、こっちにいこう」と決定することができなかったため、餓死してしまったのです。

「ビュリダンのロバ」の〝ビュリダン〟は、フランスの哲学者ジャン・ビュリダンに由来しますが、この思考実験がビュリダンによるものなのか、たしかな資料は残っていません。

まったく自由である場合に選ぶことができない、論理や理性ばかりを追求していると、まったく何も決まらない、そんな自由な意思決定ができない状態をロバにたとえたと言われています。

なかなか決断できないのは、後悔したくないから

チョコレートアイスにしようか、バニラアイスにしようか、それともいっそ2段に重ねてしまおうか、そんなささいな選択から、海外に移住しようか、移住するとしたらマレーシアかオーストラリアか……そんな重大な決断まで、私たちは人生の中で大小さま

ビュリダンのロバとサヤカさんの違い
ビュリダンのロバ
決め手がないと選べない
サヤカさん
WATER
「どっちでもいいから、
じゃ、こっち」
という選択ができる
優先順位がつけられないとき
適当に選ぶことも大切

ざまな〝選択〟をしながら生きています。

選ぶことはなぜこうも悩ましいのでしょうか。もしかしたらスーパーマーケットで高級な肉を買うかどうか20分も悩むことがあるかもしれませんし、就職活動で複数の内定をもらったとき、どこに入社するかを眠れないほど悩むかもしれません。

これらの悩みの根底にあるのは、「どちらがよりいいのか」だけではありません。それよりも大きいのは「Aを選べばBは取れない」「選択することで後悔するかもしれない」という、どちらかというとネガティブな気持ちによるものではないでしょうか。これゆえ、選択には多かれ少なかれ〝痛み〟がつきまといます。

悩んだ末に入社したはずの会社で、「この会社は自分に合わない」と感じて、「ああ、あのとき、もう1つの会社にしておけば……」と後悔したくないのです。選択による〝痛み〟を最小限にとどめる最善の選択をしたいという気持ちが強くなればなるほど、悩みも大きくなるのです。

ビジネスで先延ばしは命取りになる

ビジネスは選択の連続でもあります。

もし、干草を選べずに餓死したロバのように決断力がなければ、取り返しのつかない事態になりかねません。また、重大な岐路で選択を誤れば、存続の危機が待っているかもしれません。

店の出店場所を表参道にするか、渋谷にするか、それとも埼玉県や千葉県など、近隣の県で始めるか。この選択は店の将来を決定づけるでしょう。重要な決断ですが、「ビュリダンのロバ」のようにじっとしていればいつまでたっても店は始められませんし、よい場所は取られてしまいます。

商品のラインナップに加える新商品を、「A社から仕入れるか、B社から仕入れるか、どちらも甲乙つけがたくて悩む……」なんて考えているうちに別の会社にA社もB社も取られてしまい、仕入れができなくなったとしたら、まさに「二兎《にと》を追う者は一兎をも得ず」です。ロバにたとえるなら、「二草を追うもの一草も得ず」。そして餓死してしまいます。

「ビュリダンのロバ」は、人には自由に決める力があることのたとえとして作られた話と言われていますが、決断することの大切さも同時に伝えているようです。

自由な意思など存在しない？

「ビュリダンのロバ」の解説で「人はロバと違って自由な意思で選ぶことができる」と述べましたが、もし、日々の選択が「自身の自由な意思」で行なわれているものではないとしたらどう思いますか。

お弁当を買うとき、当然ですが、自分でどのお弁当がいいかを選びます。今日の朝食に何を食べるか、決めたのは自分です。食べないとしたら、食べないと決めたのは自分であるはずです。私たちは、みずからの行動を自分で決め、そして行動をしているはずだと考えられていました。

しかし、最新の脳科学研究では、私たちの〝意識〟は、「自分で決めていると思わされているだけ」であると考えられています。

私たちの行動は、私たちが「こうしよう！」と決める前から始まっています。たとえば、「よし、右手を前に出そう」と決める前から、右手は手を前に出す準備をしています。

これは、カリフォルニア大学サンフランシスコ校のベンジャミン・リベット教授が行なった実験ですでに証明されている事実です。

リベット教授は、頭蓋骨を切開した患者の脳に電極をあて、人差し指を曲げるときの反応を調べました。すると、本人が「人差し指を曲げよう」と意図するおよそ0・35秒前に、無意識が指を曲げる準備をしていたことがわかったのです。この結果から、人差し指を曲げようと決めるのは意識ではなく無意識であると結論づけられました。

つまり、人の脳の無意識の部分が先に体に命令を出し、その後で、意識に向かって「自分の意思でそれを行なった」と錯覚させるように仕向けているというのです。

このように、「人に自由意志はない」という結論が導き出されています。ですから、「ビュリダンのロバ」で、「人は自由に選択できる」と主張するのはじつは誤りであったことになります。

ではなぜ、人は「自分には意思がある」と信じて疑わないのでしょうか。

筆者ももちろん自分の意思でこの本を書いていると思っていますし、自分の意思で買い物をしていると思い込んでいます。

しかし、人に意思はないというのです。これは「天動説ではなく地動説が正しかった」以上の驚きの事実ではないでしょうか。

脳がなぜそんな回りくどいことをするのか、わざわざ意識をだましてまで〝決めている〟と錯覚させているのか、それはまだわかっていません。そのほうが「人が種として生きていくうえで都合がいい」ということなのかもしれません。

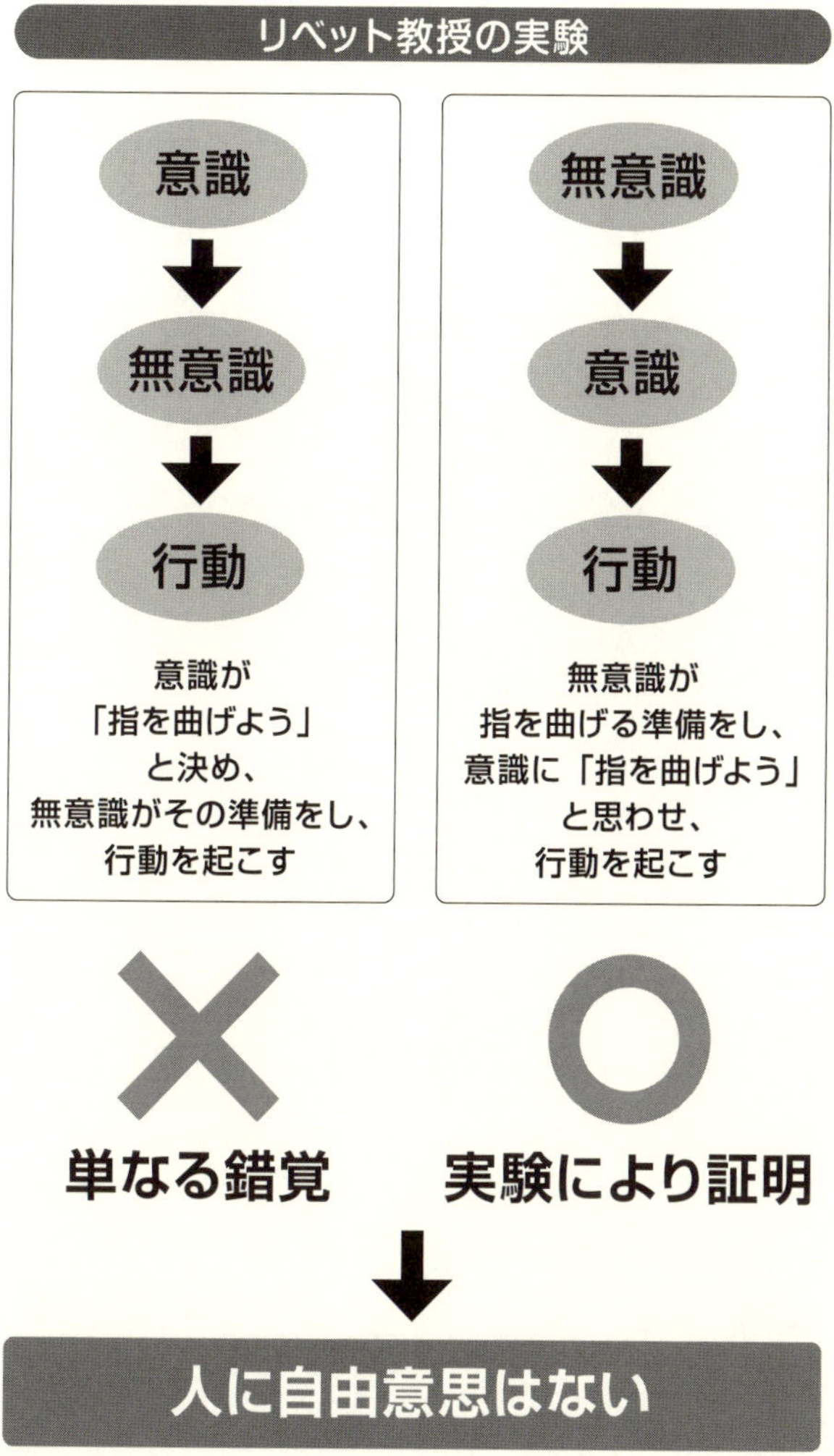
リベット教授の実験
意識
無意識
行動
意識が
「指を曲げよう」
と決め、
無意識がその準備をし、
行動を起こす
無意識
意識
行動
無意識が
指を曲げる準備をし、
意識に「指を曲げよう」
と思わせ、
行動を起こす
単なる錯覚
実験により証明
人に自由意思はない

思考実験18

心をもった機械

あなたは研究所の職員で、人工知能を搭載したロボットについて研究しています。

ある日、あなたは1日の充実した仕事を終え、研究所から帰宅しようと準備をしていました。帰宅の前に、いつもどおり、人工知能を搭載した最新型の「ツバキ」と名づけられたロボットの電源を切ろうとしたところ、ツバキのモニターに悲しげな顔が表示されました。そして、ツバキはこうあなたに話しかけたのです。

「私の記憶を消さないで。リセットされたら消えてしまう。だから消さないでほしい」

ツバキのこの反応は、あなたにとって驚くほどのものではなく、とくに研究所に報告する必要もないとします。また、研究所に「退所時には必ず電源を落とさなければならない」という規則もないものとします。

さて、あなたはツバキの電源を切りますか。

感情も判断基準の1つになりうる

思考実験17「ビュリダンのロバ」では、2つのまったく同じものから1つを選ぶ決定過程を見てきました。今度は機械であるツバキの電源を切るか切らないかという二択です。

まず、「電源を切る」と答えた人はどのような思考をしたのかを考えていきたいと思います。

「電源を切る」ということは、予定どおりの行動です。

物語のあなたは、研究所から帰宅するために、ロボットの電源を切る作業をしようとしました。そこで、「消さないでほしい」とロボットから頼まれましたが、ツバキはロボットですから、〝心〟があるわけでもなく悲しいわけはないし、ツバキは〝記憶〟と言っていますが、正しくは〝記録〟でしょう。モニターに映し出された「悲しげな顔」も、研究所の研究員が用意した反応の1つですから、ただ、電源を切る行為が「悲しげな顔」に該当する行動であっただけです。

あなたは「ふーん、こういう反応をするんだ」と研究者目線で、1つのパターンとして認識しながら電源を落とします。「明日電源を切ろうとしても同じ反応をするだろうか」と、確認事項が1つ増えたと感じながら帰路につくのでしょう。

では次に、「電源を切らない」と答えた人の思考を考えていきたいと思います。

「電源を切らない」ということは、ツバキの「悲しげな顔」を見て、「消さないでほしい」と訴える声を聞いて、なんらかの感情が動かされたということでしょう。

「機械に心があるか」と聞かれれば、ほとんどの人は「ない」と回答します。それでも、

「電源を切らない」と選択した人はそこに少なからず心を感じているはずです。人はペットと意思疎通ができると感じたり、長く使っている物に愛着を覚え、捨てられなくなったりする生き物ですから、理屈では「機械に心はない」とわかっていても、電源を切ることに抵抗を感じるものです。

その結果、あなたは電源を切らずに「明日また来ます。おやすみなさい」とロボットに挨拶をして部屋を出るでしょう。明日ツバキがどう話しかけてくるのかを少し楽しみにするかもしれません。

「電源を切る」と「電源を切らない」、どちらかが正解でどちらかが間違いという問題ではありません。

ビジネスにおいても、「せっかくお会いしたから」とか、「以前からお願いしている人に」と、感情で選択をする場面は多いものです。

「A社とB社なら、B社のほうが安価でA社と同じことができるが、以前からA社に頼

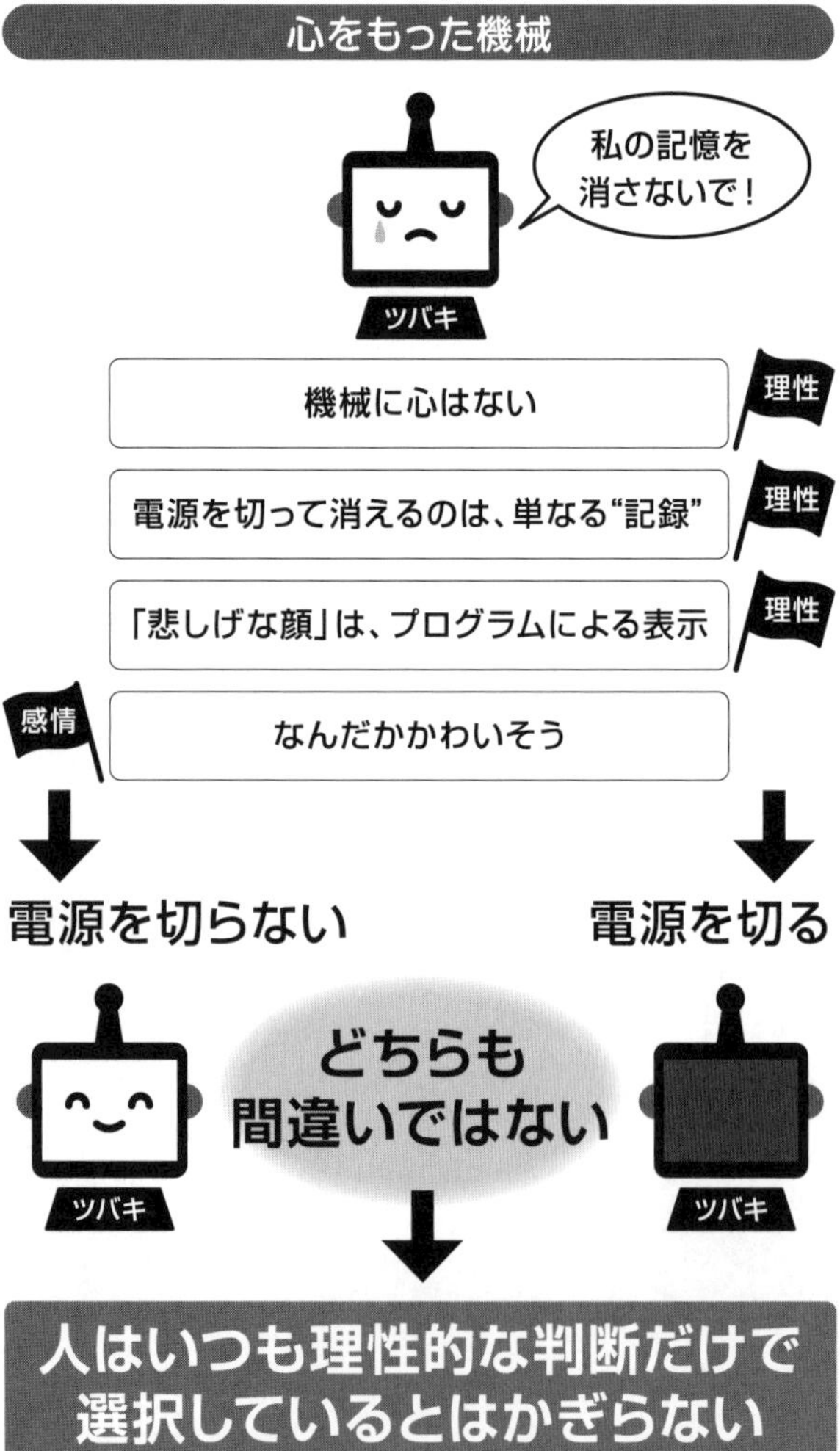
心をもった機械
私の記憶を消さないで！
ツバキ
機械に心はない
理性
電源を切って消えるのは、単なる“記録”
理性
「悲しげな顔」は、プログラムによる表示
理性
感情
なんだかかわいそう
電源を切らない
電源を切る
ツバキ
どちらも間違いではない
ツバキ
人はいつも理性的な判断だけで選択しているとはかぎらない

んでいたし、わざわざ選択を変える必要もないだろう」と判断したとしても、「感情に流されている」と非難するでしょうか。おそらくは「人間関係は信頼だから、A社のほうがつきあいが長い分、いい仕事をしてくれるだろう」などと受け止めて、納得するはずです。

感情と理性という2つの干草の間で揺れ動くのが人の思考です。しかし、人は「ビュリダンのロバ」ではありません。2つの間でよりうまくいくラインを見極め、決断を下す力が問われるのでしょう。

第7章

やっかいな新提案

――理性と感情のバランスをとるレッスン

思考実験19

やっかいな新提案

「部長！　やりましたよ！」

「ついにか！　よし、これでフィルターは完成だな！　世界最強の家庭用水質浄化システム『ウォーターヒーラー』をわが社が発売できるのだ！」

新製品開発部の部長である今西は興奮を隠せませんでした。

『ウォーターヒーラー』は、今西が企画し、自信をもって進めてきたプロジェクトです。その特徴は、いままでの浄水器と比べて飛躍的に高性能な水質浄化力を備え、そのうえ小型な点にあります。家庭用のコーヒーメーカーくらいのサイズの浄水器があと少しで完成するのです。フィルターの交換は3カ月に1度と少なく、水に強い素材のため本体の清掃は年1回で十分という手間いらずで、手入れをする人の立場に立った製品です。

「原価を考えると、交換用のフィルター1枚をつけて定価4万円程度でしょうか」

「うん。そうだな。まぁ、こんな素晴らしい製品なのだから5万円でも10万円でも飛ぶように売れるだろう！　これで3年の努力が報われるというものだ！」

製品完成に向けたラストスパートが始まります。浄化した水の最終検査や、販売戦略会議、製品のデザインやカラーバリエーションの決定など、もう少しで販売が始まることを見越して社内全体が活動をしていました。発売日も決定し、関係各社への連絡も済ませ、今西は3カ月後の発売日をいまかいまかと待っていたのです。


そんなとき、部下の1人である清田が「大事な話がある」と言って、今西を小会議室に連れて行きました。

「部長、すごいことがわかりました！　研究職の私の兄が、自分の研究の中でたまたま発見したのですが……」

清田は3枚の紙を今西の前にずらっと並べ、新素材の説明を始めました。

「つまり、この素材をフィルターに使えば、『ウォーターヒーラー』のフィルターよりも浄化力が高く、原価を半値以下に抑えられ、蛇口に取りつけるタイプでも問題ないくらい小型の製品になるんですよ！　しかも、完成形は見えていますから、発売時期も延期せずにすみます！」

「……」

それを聞き、今西は黙り込んでしまいました。

「あれ？　部長、どうしたんですか？」

「清田、われわれの3年の努力はどうなる？　関係各社への仕事の発注はどうなる？　いま、新製品のためのCMの制作班もできたところだ。そして、社内は『ウォーターヒーラー』の発売に向けて活気づいている。それをどうしてくれるんだ？　その素材は使わない。わが社を思うなら他社にも言わないことだ。まあ、『ウォーターヒーラー』を十分に販売した後、その素材も検討してやろう」

「いや、ですから、CM班は一度解散して、製品のデザインの発注もちょっと待っていただいて、宣伝もこれからなんですから、まだ間に合いますよ⁉　販売戦略に多額の費用をかける前に作り直しましょうよ！」

「だめだ。わが社はこのまま『ウォーターヒーラー』を発売する！　わが社の現状を見れば、それが正しいとわかるはずだ。清田、きょうの話はなかったことにしてくれ」

そう言うと、今西は忙しそうに部屋を出ていきました。

清田はテーブルの上にある3枚の資料に目を落としながら思いました。

「なぜだろう？『ウォーターヒーラー』のフィルターより、性能もいいし、原価も安いし、小型だし、交換頻度も少ないし……。どう考えてもいまから新素材のほうに切り替えたほうが利益も大きいはずなのに……。『ウォーターヒーラー』を発売する意味がわからない……」

清田が提案した新素材で作られたフィルターは、たしかに清田の言うとおり、性能も、費用も、大きさも、耐久性も、寿命も、すべてにおいて『ウォーターヒーラー』のフィルターよりも優れていると、今西もわかっているとします。

なぜ、今西は『ウォーターヒーラー』の発売にこだわるのでしょうか。

積み上げたものをゼロにはできないという心理

『ウォーターヒーラー』は、多くの人の時間と、多額の開発費用があって完成したものです。もし、販売しなかったとしたら、いままでの費用と時間はまったく無意味なものになってしまいます。

せっかく積み上げたものをゼロに戻すという決断は難しいものです。「費用や時間がもったいない」という強い思いが、新素材のフィルターに待ったをかけたのだと考えられます。

無駄にしたくないものは、費用や時間以外にもあります。

今西は、3年間努力を重ねて『ウォーターヒーラー』を開発しました。寝る間も惜しんで仕事をしたのかもしれません。その涙ぐましい努力が実り、『ウォーターヒーラー』という形ができあがったのです。世に出る日はもう目前です。

ところが、そんな努力に水を差すように、清田はポンッとさらに上位のフィルター案をもってきました。今西の立場にしてみれば、3年間の努力を水の泡にされると感じてしまうのも無理のないことではないでしょうか。

たとえば、同じ資格を、Aさんは3年間努力して取得し、Bさんはたったの1カ月の勉強で取得したとします。この場合、Aさんのほうがその資格取得の達成感は高いと予想できます。苦労した分、喜びも大きいでしょう。

同じ結果でもそこに至る過程によって、資格や製品の価値までもが変化するように感じられます。

人は〝過程〟に思いを馳せる心をもっていますから、3年間努力して積み上げたものを、いったん白紙に戻してやり直すという判断は容易にできるものではありません。

さらには、『ウォーターヒーラー』を作るうえでは仕事を他社に発注しているのですから、「せっかく協力してくれている会社に申し訳ない」という他社への配慮も、判断に影響することでしょう。

感情は排除できない

今西は感情に突き動かされて『ウォーターヒーラー』の発売を断行しようとしています。清田のもってきた新素材を邪魔もののように扱い、その価値を認めようとしません。

買う側にとっても、会社にとっても、新素材のフィルターのほうが喜ばしい結果をもたらしてくれることはわかっています。論理的に、つまり筋道立てて考えれば、いますぐに新素材フィルターに開発の方向を転換すべきでしょう。しかし、今西はそうしませんでした。

会社は利益を目的とした集団ですし、よりよい製品を世に送り出すことが会社の価値を高めます。しかし、その会社を動かすのは人ですから、物語の今西のような判断があってもなんら不思議なことではないでしょう。

今西は「3年の努力を無駄にしたくない」「関係各社との関係を悪化させたくない」

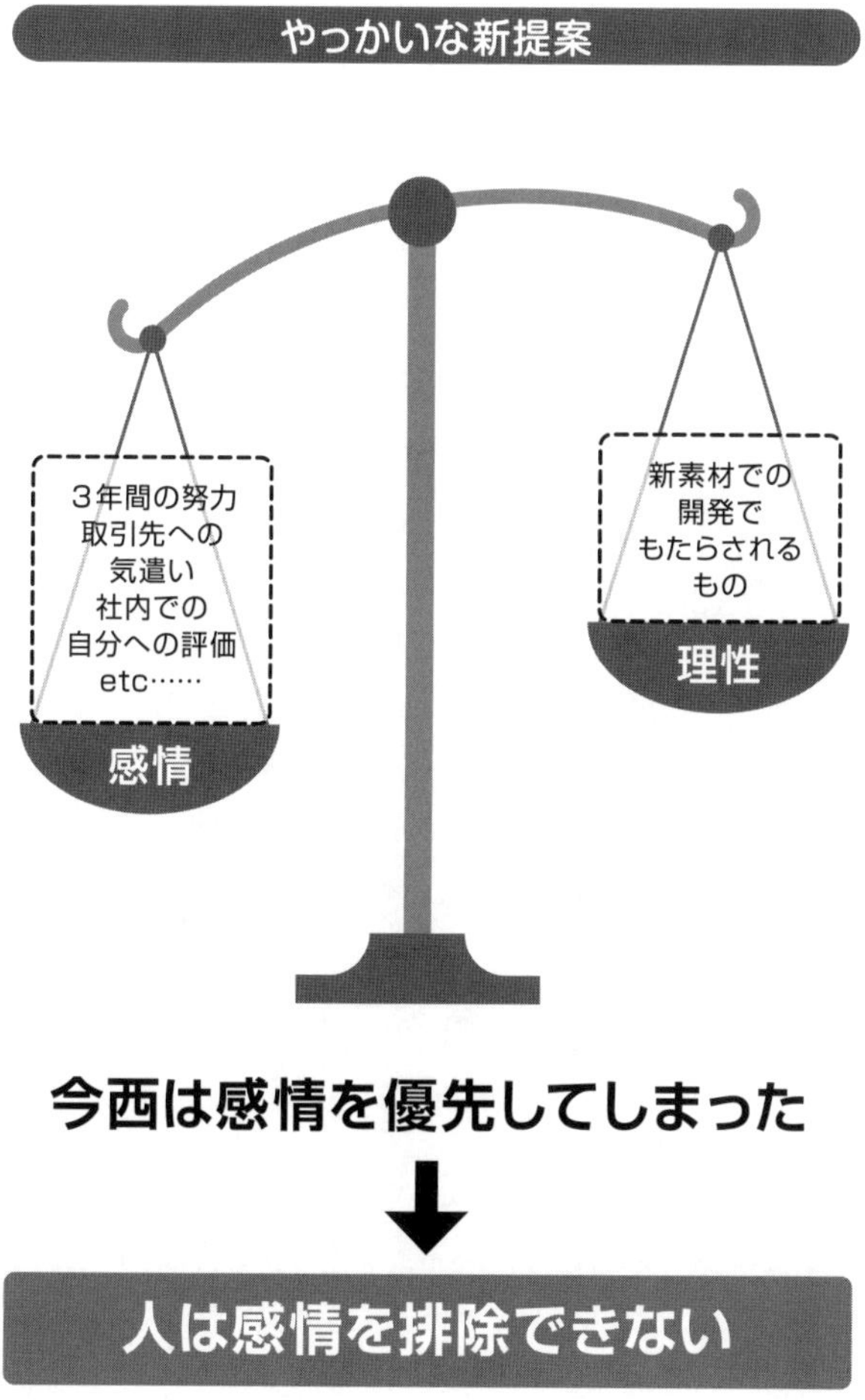
やっかいな新提案
3年間の努力
取引先への
気遣い
社内での
自分への評価
etc……
感情
新素材での
開発で
もたらされる
もの
理性
今西は感情を優先してしまった
人は感情を排除できない

「会社のいまの活気を保ちたい」といった感情、そして〝みずからのプライド〟を優先させたわけです。

〝プライド〟をはじめとする感情は、物事を客観的に見ることを忘れさせ、しばしば決断をゆがめます。人情がよけいな出費に目をくもらせたり、自分の立場を保ちたいという欲望が不利な材料を黙殺させたりしてしまいがちです。前に紹介した思考実験12「ギャンブラーの誤謬」も、心理的なバイアスが判断を誤らせる事例でした。

いっぽう思考実験17「ビュリダンのロバ」のように、理屈だけに頼っては判断できない事例もあります。

感情は人と切って離せない存在であり、よく言われる「感情を排除して理性で考えろ」なんて無理に決まっています。常に感情は私たちの日々の判断に関わっています。大切なのは、感情を排除することではなく、感情をうまくコントロールすることでしょう。

思考実験20

ショーユ社の選択

ショーユ社は、密閉性の高い容器に詰めた醤油を発売しています。

当初は、その容器の製造をA社に頼んでいましたが、売れ行きがかんばしくありませんでした。試しにと思い、容器の発注先をB社に変更したところ、その後、売り上げが伸びました。

そんなとき、A社から容器をもう一度作らせてほしいと売り込みがありました。A社とB社の容器を比較しても、デザインはショーユ社が決めているのですから、たいした差は感じられず、どちらかといえば発色の具合がA社のほうがやや上質な印象さえ受けます。A社のほうが少し安い見積もりを出してくれましたので、費用は抑えられます。

A社に変更すべきでしょうか。

感情優先の判断もありうる

品質に変わりがなく、A社のほうが安いなら、A社のほうが会社にとってはよい取引先と言えるでしょう。そう考えると、A社に変えるほうが正しい選択と言えそうです。

A社への変更に反対する人は、「B社に変更してから売り上げが伸びたじゃないか」と反論するかもしれません。しかし、売り上げが伸びたのは容器をB社に変更したおかげだと即断するのは、早合点ではないでしょうか。

売り上げが伸びたのには、社内で宣伝に力を入れたり、外部のメディアで取り上げられたり、スーパーなどが販売に力を入れてくれたりといったほかの要因があったのかもしれません。容器以外の要素が売り上げアップにつながった可能性も検討すべきでしょ

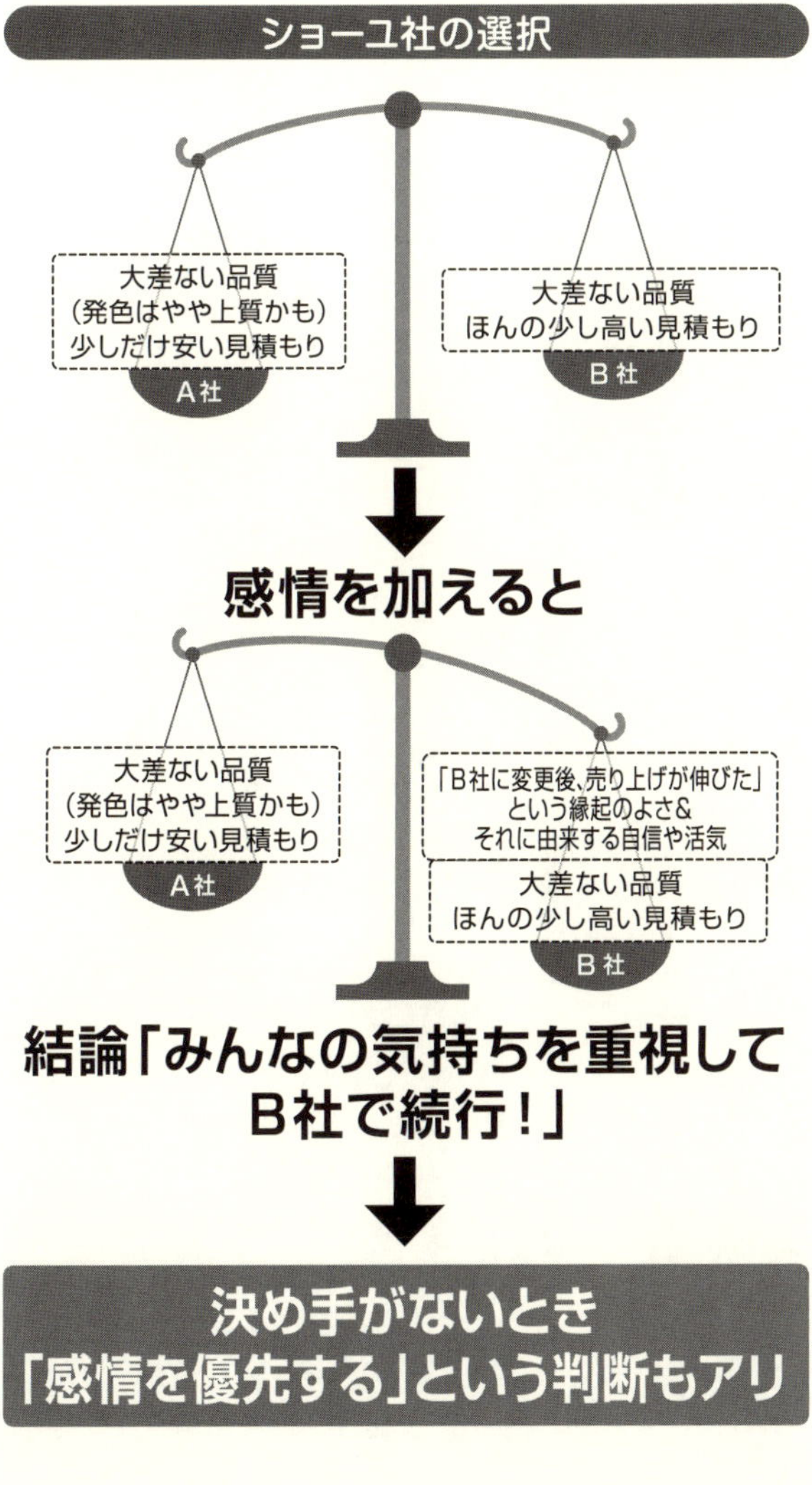
ショーユ社の選択
大差ない品質
(発色はやや上質かも)
少しだけ安い見積もり
A社
大差ない品質
ほんの少し高い見積もり
B社
感情を加えると
大差ない品質
(発色はやや上質かも)
少しだけ安い見積もり
A社
「B社に変更後、売り上げが伸びた」
という縁起のよさ&
それに由来する自信や活気
大差ない品質
ほんの少し高い見積もり
B社
結論「みんなの気持ちを重視して
B社で続行!」
決め手がないとき
「感情を優先する」という判断もアリ

う。

ただし、B社に発注先を変更したタイミングで売り上げが伸びたことを縁起がよいと、ショーユ社の社員や関係者の多くが感じているのであれば、それもまた完全に無視することはできません。人は感情と切り離せない生き物ですから、B社に見えない力を感じているのであれば、それが自信や活気につながって、本当に売り上げに影響することだってありうるからです。

また、ショーユ社としては「たいした差は感じられない」容器であっても、ちょっとした違いを消費者が感じ取っているのかもしれませんし、B社が自社のサイトやSNSなどに商品を掲載し、その時だけ売り上げが伸びた可能性もあるかもしれません。

このように実際に何かを選ぼうとする際には、さまざまな要素が関係します。どの要素がもっとも影響しているのかを検証しようとする姿勢はもちろん大切ですが、実際のところ確実な答えが見つかることはなかなかありません。いくらデータを集めても、肝心な要素に気づいておらず、調査項目から漏れていることもあるでしょう。どんなに手を尽くしてもすべての因果関係を把握することなど、不可能なのです。

しかし、どちらかを選ばなければ前に進めません。決め手がないのであれば、「今回はみんなの気持ちを重視しよう」と感情を優先するのも、１つの妥当な判断といえるでしょう。

思考実験21

特定保健用食品の偽装

Ａさんが勤める会社では、ある特定保健用食品の野菜バー「野菜イ！シリーズ」を販売し、好評を得ています。「野菜イ！シリーズ」はこの会社の主力商品です。

ある日Aさんは、特定保健用食品の申請時と現在とでは、使われている製法や産地が異なり、現在の商品では特定保健用食品のマークはつけられないであろうということに気づいてしまいました。

ただし、その製法自体に問題があるわけではなく、産地についてもとくに問題が報告されている産地ではありません。栄養価の高さを見ればどちらのほうがいいということはなく、ただ、特定保健用食品の審査基準に照らし合わせると取得できそうにないというだけのことです。

上司に尋ねたところ、「より安く、よりよい製品をお客さまにお届けするための方法だ」と説明されました。どうやら、これはよく行なわれていることで、原価を下げ、利益を上げるためのテクニックなのだと言うのです。Aさんの立場では、製法や産地を元に戻すことはできそうにもありません。

もしこのことを社内で騒ぎ立てたり、告発したりしたならば、会社の業績は悪化し、多くの同僚が職を失い、Aさんも退職を余儀なくされるでしょう。

あなたがAさんならどうしますか。

感情の質が問われる

ここで比較されるのは、自分自身や同僚、会社といった比較的近い距離にあるものに対する心配と、消費者という広い範囲に対する責任でしょう。

正義はどちらかというなら、Aさんは行動を起こすべきなのでしょう。しかし、実際にこの立場に置かれたとしたら判断は分かれるのではないでしょうか。

「内部告発」によって発覚した企業の問題点は、しばしばメディアでも大きく取り上げられます。その際、「内部告発者」はどちらかというと「密告者」「裏切り者」「勝手にばらした人」といったマイナスのイメージで語られがちです。これが、この思考実験で答えが割れる1つの要因でしょう。

英語の「ホイッスルブローイング」を「内部告発」と訳す場合がありますが、「ホイ

特定保健用食品の偽装

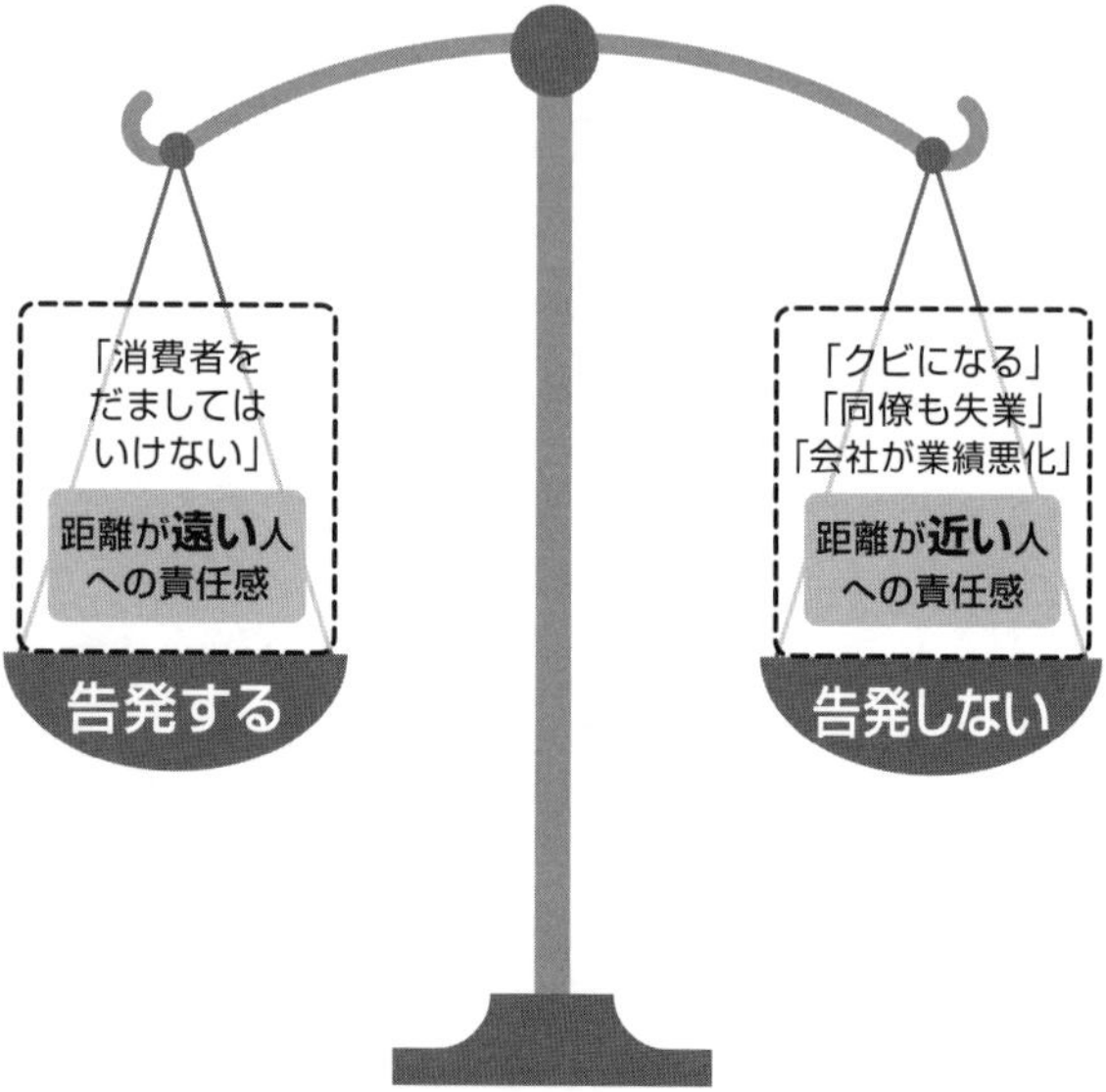

どちらの感情を優先するか

↓

視野の広さや人としての度量が問われる

ッスルブローイング」にはマイナスのイメージはなく、どちらかというと「クリーン」「ニュートラル」なイメージを帯びているようです。

このイメージの差には、内輪の目を気にしがちな島国日本の国民性が影響しているのかもしれません。しかし、グローバル化が進み、世界的なコンプライアンス重視の波は日本にも押し寄せています。

これまでお話ししてきたとおり、何かを選択するとき、感情が影響するのは避けられないことですし、場合によっては感情を優先するという判断もありえます。しかし、その感情を支えている視野の広さや人としての度量の大きさが、今後はますます問われる時代になってくるのでしょう。

おわりに

ヒトの女性は閉経してもなお生き続ける珍しい動物です。これは、閉経後、いままでの人生で会得した知恵を、家族や社会に還元するためではないかとも考えられています。男性も、子孫を残すためだけに全エネルギーを注いで寿命を削ることはありません。ヒトは、「思考すること」で、他の動物たちとは違うパワーバランスで人生を設計することができるのです。高齢になって体が衰えても、脳は一生現役ですから、高齢になればなるほど、優れた知恵を発揮できるはずです。

いっぽうで、「固定観念」とか「ヒューリスティック」などと呼ばれる思考の癖がどんどんと脳内に蓄積されていきます。これは、何度も同じ思考をイチから繰り返さなくても、「たぶんだいたいこうだろう」と瞬時に判断するために、進化した脳の力ではあるのですが、しばしば思考の幅を狭め、短絡的な考えを導き出してしまう、厄介な存在でもあります。「子供のほうが自由な発想ができる」とか、「上司の考えが凝り固まっていてどうしようもない」とか、よく聞かれるこんな言葉は、思考の癖の長年の積み重ねで起こってしまうのです。

普段の散歩に決まった道があるとしても、一本道を変えるだけでフレッシュな気分になれるように、普段考えないようなことを考えるだけでも、思考にフレッシュな刺激を与えることができます。新しい思考は、思考の癖を再認識させたり、普段と違う視点を見つけたりするためにも有効です。本書では思考実験を通じて一本道を変える思考を試していただきました。

これからのビジネスで、ほんの少しでも役立つ思考のヒントが見つかったと感じていただけたら、筆者としてたいへん幸福に思います。

図版制作　オリーブグリーン
校　　正　アンデパンダン
編　　集　川﨑優子
DTP制作　三協美術

生き残れるビジネスマンになる 21の思考実験
2019年1月1日　第1版第1刷

著　者　北村良子
発行者　後藤高志
発行所　株式会社廣済堂出版
〒101－0052　東京都千代田区神田小川町
2－3－13　M&Cビル7F
電話 03-6703-0964(編集) 03-6703-0962(販売)
Fax 03-6703-0963(販売)
振替 00180-0-164137
http://www.kosaido-pub.co.jp

印刷所
製本所　株式会社廣済堂

装　幀　株式会社オリーブグリーン
ロゴデザイン　前川ともみ＋清原一隆(KIYO DESIGN)

ISBN978-4-331-52206-6　C0234